cómo observar

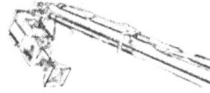

la **o**besidadespiritual

la esencia para vivir ligero

jaime kurt

bo
bioconciencia

México/México

Ficha Bibliográfica.
Jaime Kurt. **La Obesidad Espiritual.**
USA, Bioconciencia, 2012.
148 p. Primera Edición. Tercera Impresión.
Peso: cerca de 220 gramos y cerca de 26,600 palabras escritas.

Diseño de Portada: Sandra Cruz Tovar/www.pixland.com.mx

A mi amada esposa Lulú.

Juntos hemos tratado de aligerar nuestra vida

agradeciendo a Dios,

buscando y haciendo nuestras tareas con fe y alegría.

índice /contenido

Pre-báscula

¿Qué es mejor comer en este momento, una dona cubierta de chocolate o una aceituna? Tu respuesta depende de múltiples factores personales y del mundo que te rodea. Estas páginas tratan de donas, aceitunas y otros conceptos. Más bien de la esencia de todos ellos. Además de su relación con lo espiritual.

En espiritualidad de las primeras sugerencias a conservar es que el trabajo es gradual, continuo y que cualquier dificultad es una oportunidad para mejorar. Estos son los tres hallazgos básicos que encontré en mi regreso espiritual, en mi búsqueda personal. Muchos de los acontecimientos más importantes en mi vida los he interpretado como incentivos para continuar mi búsqueda y por conseguir uno de los regalos más valiosos, la paz. Para ello he contado con una de las herramientas básicas más preciadas, la pregunta. Una excelente llave científica de primer grado, un motivador de manejo frágil para el continuo ascenso espiritual. Es importante construir preguntas. Buenas preguntas. ¿Qué es una buena pregunta? Desde mi opinión es aquella que sirva para algo. Para algún objetivo bueno. Que sirva para mejorar la vida de aquellos que escuchan su respuesta. Cuando esta respuesta sea para ellos. La respuesta depende de la pregunta y la esencia de ambas es la intención con la que se dice, su objetivo, su ánimo. Todas estas descripciones están relacionadas con un concepto: alma esencia.

Gran parte de mi vida la he dedicado a hacer preguntas. Otro tiempo lo he invertido en buscar y escuchar sus respuestas. Paralelamente una gran porción la he dedicado a escuchar a amigos, compañeros, prójimos. Algunos de ellos padecen físicamente obesidad, y a veces me han confiado parte de sus malestares. Otros están contentos con su peso, mientras otros menos comen de más y no suben. Sin embargo, algo les molesta de su vida se sienten pesados. He tenido el gran mérito de que la mayoría de ellos me han confiado elementos de su biografía muy importantes. Yo también les he confiado datos y sugerencias muy fuertes. Sugerencias nutridas evidentemente del estudio y práctica de la Historia Espiritual.

Me gustaría compartir algunas percepciones espirituales del efecto del sobrepeso. Las comparto con inocencia, alegría y fe. Las comparto con deseo de compartir.

La Historia Espiritual me ha enseñado, que realmente sabemos muy poco. Y lo que alcanzamos a realizar nos lleva a conocer nuevos e inesperados temas, lugares y conocimientos sorprendentes que refrescan y reactualizan el gradual aprendizaje. Lo espiritual está lleno de sorpresas. La Historia Espiritual también me ha enseñado que todo malestar o dificultad es una prueba de fe, esperanza, objetivo.

En este ánimo es donde me atrevo a escribir estas líneas. Con un profundo respeto para todos esos Maestros espirituales quienes ya lo han escrito e interpretado todo. En especial para mi querido Rebe Najmán de Breslov, quien me inspira constantemente. A mis maestros todos. A los especialistas en comportamiento humano quienes han aportado kilos de información valiosa para estudiar nuestras reacciones. A Doctores, Psicoterapeutas, Psiquiatras, Escritores de Libros de Auto Ayuda.

Evidentemente a Nutriólogos y Dietistas, Alópatas, Homeópatas, Sanadores, Vegetarianos, cuyo objeto de estudio y labor profesional respeto y valoro. A todos los Escritores y Literatos quienes merecen un saludo después de cada coma. A todos ellos mi sincero reconocimiento.

Estoy consciente de que se necesita inocencia para escribir este libro pues mucha tinta se ha invertido en este gran tema esencial. Me gustaría ejercer una prudente resistencia a no gastar de más. Percibo que estas letras son una tarea pendiente que va a quitar peso de mis maletas de estudio espiritual al compartir y comunicar. Escribo porque es también una forma actuar. Y algo que he aprendido es que no solamente hay que estudiar y meditar hay que actuar. A propósito, a todos mis admirados compañeros profesionales del arte de la actuación mi profundo y estimado aprecio así como a mis compañeros técnicos y de producción de televisión. Al actuar, al escribir también se puede hacer una tarea espiritual pendiente. También se puede hacer desde el guión de una dieta formal, al realizar buenas y adecuadas preguntas y al responder con las acciones correctas.

Deseo profundamente y así se lo pido al Dueño de todo esto y más, que estas líneas colaboren en algo para aligerar tu vida y que bajes algunos gramos de exceso molestos. Espero que tú también ores y actúes por lograrlo. Anhelo que recibas unos momentos de fe, alegría y paz. Y que esa paz que intuyes, sueñas y buscas la puedas sentir continuamente más cerca en tu vida. Espero que observes diferente la **o**besidadespiritual.

Jaime Kurt
México DF 8 de Noviembre 2010.

el *efecto egg*

secuencia inicial

o/primero la ciencia

Hace poco tiempo redacté un escrito acerca del comer saludable. El ejercicio resultó un muy interesante documento el cual aportaba entre otras cosas, el concepto *efecto egg*, que significa por sus siglas en español, exceso gramos grasa.

El *efecto egg* es simplemente el nombre aplicado a cualquier persona, grupo, comunidad que observa obesidad en su cuerpo.

¿A qué se le llama obesidad?

Al exceso de grasa en el cuerpo. Algunos gramos, a veces kilos. La obesidad es un estado clínico.

¿Por qué hay exceso de gramos grasa?

En la mayoría de los casos simplemente porque el ingreso de un tipo de alimentos no está en relación con lo que gasta, necesita y "quema/consume" el cuerpo. La cantidad de esa energía que se come es mayor que la que necesita, gasta y puede procesar el estimado cuerpo. Ese superávit se convierte físicamente en gramos de más.

En un vistazo global, la alerta aconseja que dependiendo de los gramos excedidos y el tipo de cuerpo, es mayor el peligro de la cadena de sucesos que podrían motivar. Se pueden citar complicaciones y enfermedades como las cardiovasculares, cutáneas, digestivas, de hipersensibilidad, metabólicas, neurológicas, osteo-articulares, psicológicas, respiratorias, renales, sexuales. Sin olvidar las consecuencias ético-morales, financieras, fiscales, psicológicas, políticas y/o sociales.

Realmente el *efecto egg*, es un problema que está enfrente. En algunos casos está más intimamente cerca.

Recientemente leí una posición científica que le resta responsabilidad al individuo y afirma que la voluntad personal no es un determinante de la obesidad. Los investigadores experimentando con obesos ratones supongo que con libertad limitada y sin dinero, concluyen que la clave está en los centros de alimentación del hipotálamo. Indican que hay cierto pre-determinismo neuronal en la inclinación para desarrollar la obesidad.

En otro extremo de los acercamientos científicos se encuentra que la obesidad es por elección personal. Y las culpas de esos kilos y sus posibles consecuencias ya citadas, son bastante numerables.

La buena noticia es que el *efecto egg* es eso, un efecto, no la causa. El sospechoso número uno del efecto *egg*, es la falta de ejercicio y una alimentación no adecuada para ese cuerpo. Toda alimentación ordenada, la concibo bajo el concepto de dieta. O por explicar mejor, dieta es un orden, una guía de alimentación apropiada.

Se necesita aprender a comer.

Se necesita una buena dieta.

¿Quién posee una buena dieta para uno? Tal vez, alguien en la familia, los papás, los abuelos. Es simple. En caso contrario, lo mejor es asesorarse de un buen dietista. Un especialista en nutrición de preferencia.

Aprovecho para decir que voy a usar como la costumbre me indica, el masculino, y me voy a referir a mujeres y hombres, para evitar caer en fragmentaciones literarias. Para mí al referirme al hombre, incluyo a su alma gemela la mujer. De igual forma cuando me refiero a la mujer incluyo su otra mitad, el hombre.

En la realidad observable y publicitada hay una inmensa cantidad de dietas y nutriólogos. Y muchos de ellos sinceros, honestos, eficientes. Algunas personas ya se han unido al reducido club de los delgados, mientras muchas otras siguen observando kilos de más. El problema de la obesidad evoluciona. Cada día se va percibiendo como más grave al ritmo que engorda el calendario del presente.

Una pregunta de primaria: si existen dietas eficientes, nutriólogos honestos, y las personas que hemos sufrido los embates de una báscula despiadada, sabemos que hay un dolor continuo en esa área de nuestra vida, ¿por qué no bajar de peso?

O bien, regreso a la simple pregunta.

¿Por qué continúa haciendo acto de presencia la obesidad?

Por el *efecto egg* (exceso gramos grasa).

Por comer de más. Y no hacer suficiente ejercicio.

Es muy sencillo. Aprovecho para mencionar que el efecto exceso gramos grasa, el sobrepeso y su análisis están vinculados con el estudio de aceites y el reconocimiento del tipo que está causando gramos grasa en nuestro cuerpo. El problema y la solución residen generalmente en reconocer y elegir el aceite bueno para nuestro organismo. Parece que palabras como aceite, líquidos grasos y sus componentes, las tenemos que conservar en un lugar especial para su estudio posterior.

Hasta aquí todo es una mera observación de la comida ingerida/energía gastada, *input/output*. Una simple observación de lo físico. Escribo en términos sencillamente globales, y no toco los casos científicos de un trastorno de algún órgano o sistema de nuestro cuerpo.

En las esferas espirituales, no seguir una dieta adecuada, es no hacer contacto con el equilibrio. No estar en la vía media. En lo central. No resistir a ir más allá del límite.

Y vuelvo a preguntar. ¿Por qué esa persona quien experimenta un dolor por los gramos de más, no hace uso del equilibrio/resistencia? En la mayoría de casos que he observado, esa persona ha probado varias dietas, ha paseado tal vez por algunas lecciones espirituales, "conoce" bien esos kilos y de donde han surgido. ¿Por qué no sigue la dieta? ¿Por qué no hace uso del equilibrio alimenticio? Uso de la resistencia a no cruzar los límites de la dieta.

Una respuesta simple y muy espiritual es: porque no quiere, no tiene el deseo. Es la respuesta más elevada también.

La posible respuesta dos es: porque en una actitud cómoda extra bondadosa no tiene en ese momento la fuerza de la disciplina, y no logra concentrarse en ella. Tal vez no retenga el conocimiento de la disciplina.

La posible respuesta tres es: porque tiene la costumbre de romper los límites de la dieta. No ve el resultado de sus acciones a mediano y largo plazo. Casi todo lo ve en tiempos cortos. Esta persona tal vez no recuerda su contacto con el concepto de tiempo largo, eternidad, paz. Tal vez no haya hecho más conciencia de qué es su cuerpo y sus necesidades inmediatas, desde el punto de vista espiritual. Posiblemente falta información espiritual de la comida que ingiere y ya se acostumbró a lo habitual. Quizás esa persona necesite más información de su biografía histórica y espiritual.

El exceso gramos grasa es por comer más de lo debido y lo no debido. Salvo casos particulares de mal funcionamiento físico del cuerpo. Esa es la simple razón a nivel físico.

Sin embargo la causa real, o sus causas, las percibo que pertenecen al nivel espiritual. Para mí, según mi percepción en este momento, cuando la obesidad se percibe como un problema físico, es por algunos gramos espirituales de más. La obesidad infantil, tema aparte, se percibe como responsabilidad espiritual y física de los padres. Los kilos de los niños están en los padres y/o responsables, su causa.

La obesidad espiritual es un grupo de tareas espirituales no trabajadas que tienden a manifestarse a nivel físico. Esas tareas no trabajadas adecuadamente, se van acumulando en la persona a lo largo de su vida y algunas veces se manifiestan en una actuación no consciente pro comer. Sin dieta, sin límites, sin resistencia. Un comer libre sin orden que "controla" y altera a la persona, llegando en casos extremos a verse a sí misma visión imaginaria inadecuada como un robot abandonado con un fuerte deseo por alimentarse. Desea atacar a los kilos de frente, como le sugieren sus asesores, pero a veces puede, a veces no. Las últimas batallas anuncian números no deseados. Hay una falsa noción de desesperanza. Se une momentáneamente al enemigo y disfruta de sus sabrosas calorías. Se ve al espejo y no se reconoce. Se rechaza. Trata diferente a las personas. Es muy estricto consigo misma. Empieza un círculo vicioso tremendo.

La obesidad espiritual no se encuentra solamente en los riquísimos gramos del pastel de chocolate. Tampoco se encuentra únicamente en el no poder seguir en esta ocasión la dieta. Las causas de la obesidad espiritual se encuentran también en la presión que ejercen las tareas no trabajadas adecuadamente. Respuestas incompletas, inadecuadas. Trabajo que flota en el conocimiento de la biografía de la persona. La biografía individual y familiar: astrológica, biológica, genética, económica, escolar, psicológica, religiosa, de salud, sexual, social, etcétera en donde el acento y foco de estudio reposan en la individualidad de cada ser humano. Posiblemente esos gramos tengan su esencia en su biografía espiritual, de su vida personal y de sus ancestros.

Desde mi percepción y como sugerencia respetuosa, en independencia de las causas más visibles del comer de más, las causas de la obesidad cuando se observa como problema son espirituales y generalmente se encuentran en el pasado espiritual. O por mejor escribirlo, en su presente espiritual. En el mundo espiritual solo hay un presente, el de la acción. Actuar es responder.

Una persona quien tiene problemas "reales" con una báscula y este enfrentamiento produce otros terrenos de batallas, pensamientos y acciones desordenadas, no controlables por la persona, es recomendable que revise su biografía espiritual. Empezando por su presente. Y algunas veces dirigido por algún especialista.

En algún lugar de esa biografía se encuentra un pensamiento, unas palabras, una acción, un acontecimiento que trata de sellar la vida de esa persona persiguiéndola como un fantasma. Tal vez este conglomerado no ha sido trabajado adecuadamente y lo nombro como tarea no trabajada, tarea pendiente. Tal vez se trate de algún pequeño que ha crecido sin equilibrio, y hoy se presenta magnificado y aparentemente sin solución. Posiblemente se trate de algo serio, que la persona no desee ni recordar que a veces es muy aconsejable. Sin embargo no significa que este conglomerado se encuentre ya resuelto, transformado, superado sin causar molestia.

Tal vez se trate de una serie de pequeñas tareas acumuladas. Esas tareas no trabajadas adecuadamente, siempre tienden a manifestarse de alguna forma. Una de ellas es la aparición de una sensación "confusa", un deseo por alimentos una idea de carencia, que no es suficiente. Otras son: la falta de fuerza/voluntad para conectarse a la equilibrada disciplina; una ausencia de alegría; la ilusoria historia de sentirse abandonado; una tentación constante de romper los límites; la imaginativa narración de la no aceptación; el no aceptar un mundo "creado" el cual aparentemente no acepta a esa persona; la soberbia de querer imponer un mundo de calorías, el cual emana un submundo donde el humano sufre por cada gramo grasa.

Incluso otra forma de manifestarse esta tarea pendiente es en una falta de esperanza. Aunque los grandes Sabios sugieren que la desconexión de la fe es la causa, y no el efecto.

También podrían agregarse a la lista de causas y efectos manifestaciones/apariencias una información espiritual no adecuada. O bien una mal-información espiritual.

De esto trata estas páginas con suficientes palabras y conceptos. De sugerirte una posibilidad más, para reducir el dolor simbolizado que causan los gramos de más. Para compartir una serie de posibilidades prácticas que te nutran espiritualmente. Para intentar mejorar nuestro mundo personal y elevar nuestras percepciones.

¿Por qué no tratar? ¿Por qué no desear tratar?

la **e** de sugerencia

¿Por qué no acercarse una vez más a lo espiritual y pedir ayuda? Principalmente a la Esencia de todo y más.

Este ligero libro es una serie de percepciones personales y sugerencias básicas, simples, para observar ese exceso de gramos grasa espiritualmente y sentirse mejor. Es muy simple.

entonces

¿cancelo todo?

secuencia 2

o/me gustaría decirte otra cosa

22 | ¿cancelo todo?

¿Entonces ya puedo cancelar mi cita con la nutrióloga? Por supuesto que la recomendación es que: ... ¡no! Es todo lo contrario. Hay que hacer una nueva cita. Conseguir la dieta apropiada. La vida espiritual no es tirarlo todo. Abandonarlo todo. Mucho menos cuando se trata de sobrepeso, donde los kilos viajan contigo hasta la montaña más alejada, al igual que tus tareas espirituales no trabajadas. Las tareas no trabajadas adecuadamente están almacenadas en tu conciencia, manifestadas tal vez en tu abdomen.

Aquí cabe mencionar que después de realizar con éxito una dieta y pesar en la báscula unos kilos muy aceptables por el doctor y gran parte de la sociedad en que nos movemos, aparecen otras tareas pendientes. En esta vida siempre hay algunos gramos espirituales de más, tareas nuevas a trabajar.

Todos tenemos tareas pendientes. Si hay algo que impide tu paz, hay una tarea espiritual por hacer. Tal vez mínima, pero la hay. Algunos sabios agregarían: si estas vivo hay algo que hacer y responder.

No es una visión negativa de la realidad espiritual, sino simplemente es un *spiritual fact*, dijeran algunos amigos *anglo parlantes*. Así es y así es muy bueno. Es una oportunidad. Y ya que este escrito es de obesidad espiritual, aligerémonos.

De lo que se trata es identificar esas tareas que no nos permiten hacer una vez más la dieta, bajar lo que debemos bajar, y vivir hoy una vida mejor que la de ayer.

Y por favor créeme, si se puede con la ayuda de Dios.

Lo primero que hay que conseguir es una buena dieta y/o una buena doctora. Hay que pedir por encontrar una honesta científica de la nutrición y seguir sus recomendaciones.

Hay que seguir la dieta.

Por el momento pido me disculpes, sé bien que esto ya lo sabes, y leer estas páginas para que te recomiende buscar y seguir una buena dieta ¡por favor! Ten paciencia, resiste y sigue leyendo.

Es importante tener confianza en el método que estás utilizando. De preferencia uno libre de pastillas sospechosas o inyecciones que se aparten de la comida. En la comida está todo el secreto, la esencia.

Bajar de peso con una buena dieta, es fácil.

No comes y bajas. Simple. Disminuyes ciertos alimentos y bajas. Sencillo. Sin embargo la vigilancia médica es importante. Altamente recomendable. La disciplina se puede manejar mejor con un buen asesor. Anuncio no pagado por la Asociación Internacional de Dietistas, Nutriólogos y Especialistas de la Masa.

Algo serio: huye de los charlatanes.

La sugerencia dos es no cambiar constantemente de método. Tienes un buen doctor y una buena dieta, consérvalos y sigue sus lineamientos.

El ejercicio físico es materia casi obligatoria. Escucha los consejos de tu asesor.

Media hora de caminata es aceptable.

Ten confianza, trata una vez más, adquiere nuevos hábitos, buenos hábitos y conviértelos en una agradable rutina.

Mantente alegre. Sé que esto está en la frontera con ¡échale ganas! Bueno, échale ganas y más paciencia.

Hasta aquí lo básico. Hay que cerciorarse de realizar **dieta y ejercicio.**

Todos bajan con esto. Todos. ¡Todos!

Claro, salvo los casos singulares con problemas de *hardware*. Recordar que la mayoría somos simples humanos dotados de un buen cuerpo que responde a causa y efecto, *input/output*, energía recibida/energía gastada.

Es como el relato del técnico quien por teléfono asesoraba a un cliente, y hasta lo último ambos se dieron cuenta que el aparato "descompuesto" estaba desconectado. Como este libro desea ir más allá de la apariencia física, el sugerir dieta y ejercicio es como sugerirle al técnico que haga tres preguntas básicas:

"¿Pagó usted a tiempo su más reciente recibo de luz?

¿Tiene en este momento luz?

¿Está bien conectado su aparato?

Entonces, podemos continuar."

Ahora empecemos a desear recibir información.

Orar por el anhelo de conocer.

Pregunta, ¿por qué deseas bajar de peso?

¿Por qué no estar contento con el peso de la báscula?

Te sugiero que empieces a hacerte preguntas personales y te atrevas a conocerte.

Esto es también conocimiento espiritual.

¿Por qué hay que bajar tantos kilos y no la mitad de ellos?

¿Qué es verse bien?

General y aparentemente las razones son meramente físicas y no hay una razón espiritual. Casi todos los casos pasean sus respuestas desde verse bien, como algún prototipo de cine, música o televisión, hasta los kilos casi impuestos por las tablas de peso globales.

En algunos casos extremos, el bajar de peso es una prioridad de salud, pues llevar esos kilos cargando como sabemos, causan otros efectos dañinos a tu cuerpo en una cadena a la que hay que brindarle respeto.

Cadena que comprende secuencias ya citadas como: cardiovasculares, cutáneas, digestivas, de hipersensibilidad, metabólicas, neurológicas, osteo-articulares, psicológicas, respiratorias, renales, sexuales, etc.

Si no eres caso grande o extremo, me gusta repetir la pregunta, ¿quién dijo que tú debes pesar tantos kilos?

¿Quién dijo que debes verte de tal forma, tener tal medida?

Evidentemente en este punto, tu Doctor, tal vez empezará a refunfuñar mientras tú y yo estaremos frente a una paradoja obesa.

A donde mi sugerencia desea encaminarte a pensar es que hay kilos que debes bajar, y hay otros kilos con los que te ves estupenda y saludablemente bien.

Recordar que este libro empieza a revelarse y funcionar cuando el problema no es bajar. Además, en términos generales eso no es problema. Si paras de comer, bajas. Si haces la dieta, bajas.

Parte del problema es que regresas a un sobrepeso más grave que el de antes, o simplemente ya no puedes bajar ese exceso gramos grasa.

Un adelanto. Lo que deseo sugerir es que el único modelo a seguir, es el tuyo. No hay tareas de otros, ni *looks* de otros. Tú tienes una apariencia, un peso propio, y unas tareas por hacer. Todos estos elementos son personales.

Sencillamente, la propuesta es invitarte a desear saber cuál es esa apariencia, ese peso adecuado y esencialmente desear saber cuáles son esas tareas a realizar. El secreto simplemente reposa en tu esencia, en tu biografía espiritual.

algunas observaciones de peso

secuencia 3

o/enfocar

Las siguientes palabras desean invitar a elevar una tarea fascinante: observar. No precisamente seguir la vida comercialmente íntima de tu cantante o actor favoritos, o tu político favorito, o tu villana preferida. Sino observar con detenimiento y paciencia una persona que es necesario observar: ¡Tú!

La observación de uno mismo es un campo científico espiritualmente necesario. Elevarlo, requiere de algunas reglas básicas, entrenamiento, paciencia, resistencia, perseverancia.

Tu asesor en nutrición, tu doctor general, va observar tu cuerpo principalmente, la báscula y tu peso, con base en la dieta sugerida. Está bien.

Pero quien está en el frente de batalla porque realmente es una batalla eres tú. Tú eres quien se enfrenta a esos ofrecimientos de la gente menos pensada, que lo orillan a uno a tener ideas extravagantes llenas de producción imaginativa.

Tú eres quien sueña a veces despierto donas voladoras, fragmentos de ellas que se desprenden de su nave madre y viajan muy cerca de tus sentidos. Sí, generalmente son cubiertas de chocolate. También hay visualizaciones saladas, no son mi mayoría, pero si las hay.

Entonces la sugerencia es que hay que empezar a observar y descubrir cuáles son los lugares donde hay ofrecimientos "peligrosos". Hay que evitarlos.

Identificar esas personas a quienes tu dieta y tus kilos no les importan no tiene por qué importarles y alejarte un poco, a distancia controlable.

Observar cuáles son los disparadores internos que te llevan a "sucumbir" y detectarlos, detenerlos, hacerles preguntas, sin torturas ni procedimientos extremos. Es más adelantaría que sería bueno que las preguntas fueran realizadas con cuidado, aprecio, amor.

Disfrutar el proceso.

La observación de uno mismo, el realizar su entrenamiento continuo, es básico para conocer la biografía espiritual personal, y por ende saber cuáles son las tareas pendientes.

El principio de la auto-observación requiere un esfuerzo intelectual con ayuda de la habilidad de visualizar, que pide te veas como dentro de una película, en un escena una escena importante y la observes, la estudies, trates de corregirla.

Si puedes imaginarte donas y pastelitos que se te aparecen de repente, transportar tu realidad a terrenos de una pantalla mental es cosa fácil.

El otro día le comentaba a un querido amigo, un respetable Maestro espiritual estudioso de la Cabalá, quien estaba hablando de la importancia de este ejercicio, que en términos de producción de televisión la auto-observación era como *switchar* la cámara de la grúa del estudio. Esta cámara ofrece una toma de la escena desde una altura apropiada y brinda una perspectiva global de toda la escenografía, actores, y algunas veces hasta camarógrafos e iluminadores el *staff* y producción.

Es usual escuchar de voz de los directores de cámaras de televisión pedirle a sus compañeros: "¡*switchate* la grúa papá!"

Cuando detectas la escena en la cual *sucumbes* ante la poderosa tentación de un riquísimo pastel de queso, chocolate, con mermelada de *blueberry* con 3,000 calorías y muchas culpas, todas incluidas en el bajo precio, la sugerencia es que el director de escena quien eres tú, y la actriz quien eres tú lleven a cabo un diálogo muy frecuente en la vida real artística.

El director de escena y/o productor, dependiendo de la gravedad del caso le llama a la actriz y a solas porque es muy importante hacerlo a solas por respeto a la actriz le dice:

"Observa este video de la escena. En esta historia se supone que debes decirle **no** a quien te ofreció tan pecador postre. ¿Por qué lo hiciste? ¿Por qué alteraste el guión? Todo el peso de la escena cae en ti, tú eres la estrella de esta producción, todo depende de tu intervención. Dime por favor ¿por qué?"

Insisto en que no estoy de acuerdo en las palabras fuertes del director. No creo en gritos y torturas. Creo en palabras amables, comprensivas, hasta cálidas. Siento que cada ser humano debe ser tratado sutilmente y con cuidado. Y nuevamente adelanto, con respeto/amor. Así que la recomendación es que este diálogo se practique en forma sutil.

La actriz debe responder de la forma más espontánea, honesta y sincera. Y gracias a que este mundo es libre, hay varias posibles respuestas.

"Porque sentí mucha presión en esta escena."

"Porque es difícil este texto."

"Porque es fácil decirlo desde la silla de director pero venga ¡y póngase frente a las cámaras!", etcéteras.

Hay una cosa importante que escribir y recordar en este ligero libro, la actriz no puede abandonar la producción. No hay dobles, no suplentes. Puede haber retrasos, pero esa escena algún día tendrá que quedar terminada. Claro, si en tus tareas pendientes está esa escena. Tal vez el texto no te corresponde a ti.

Para eso hay que estudiar más la historia del personaje, y dialogar más con el director, el productor, tus asesores. Conocer la esencia del personaje. Conocerte más.

Esta sugerencia de observación y diálogo es muy importante.

La idea es llegar a observar esa secuencia a corregir, realizar ese diálogo, pulir la escena. Hasta donde director y actriz deseen llegar. Se puede lograr un acuerdo.

¡Observación mi querido socio!

dieta espiritual

Si este fuera un libro exclusivamente acerca de espiritualidad, o bien de cómo iniciar, continuar o elegir un camino espiritual, la alimentación ocuparía una de las primeras páginas. Elegir una buena dieta personal, adecuada, equilibrada es una de las primeras recomendaciones para vivir un camino espiritual. Y simplemente para poder vivir. En un nivel básico, el ser humano vive por medio de los alimentos.

De todas las actividades espirituales que realizas, el comer es la única donde tu permites abiertamente que esa energía buena o mala, adecuada/inadecuada, excesiva/deficiente entre a tu cuerpo, y haciendo uso del libre albedrío que también goza la energía de esos alimentos concentrada en sus propiedades, entren a tu cuerpo y cumplan la misión de cada uno de ellos.

Porque cada uno de los alimentos que entran a tu cuerpo, cada una de sus propiedades cumple espiritualmente su misión, sea cual fuese ésta, positiva o negativa siempre en relación con tu tipo de cuerpo. Los alimentos tienen visa de trabajo. Y trabajan bien. Cuidado.

Ya que este libro trata principalmente de obesidad espiritual, es muy importante ver la comida desde una perspectiva espiritual. Y una dieta es un gran empiezo de una vida espiritual.

El solo hecho de desear un equilibrio alimenticio produce cambios físicos que te conectan a otra realidad espiritual. El proceso del entrenamiento que se necesita para llevar a cabo ese equilibrio, es un logro espiritual, si se me permite esta expresión.

Una dieta implica un orden, y el orden es equilibrio cuando no rebasa los límites de la exageración y las obsesiones.

Bajar de peso generalmente es beneficioso para la vida de la persona. Un maestro espiritual agregaría que cualquier resistencia al impulso reactivo es beneficioso. Además sería recomendable que la persona se preguntara el porqué desea bajar de peso.

Llevar una dieta y bajar algunos gramos grasa solo por sentirse bien casi siempre es muy bueno. Lograrlo por verse mejor, es una razón válida. Una elevada posición si logramos conectarnos a una dieta espiritual.

Un secreto para llevar a cabo una dieta es primero comer con partitura, con un guión. Así le llamo al hecho de revisar la dieta impresa y revisar cada uno de los alimentos sugeridos, verificando que no haya de más, y frecuentemente implorando:

¡ni de menos!

Para seguidores de dieta experimentados, otra sugerencia es preguntarle a cada alimento su nombre, propiedades, características caloríficas. Preguntarse uno mismo si es bueno darle visa de entrada a ese alimento a nuestro cuerpo, puesto hay que recordar que una vez en nuestro organismo, la energía de ese alimento va a realizar con éxito su misión espiritual en esta vida. O por mejor decir, en nuestro cuerpo.

Gran parte de una vida espiritual es hacer preguntas, recibir información, ampliar la percepción, agradecer, actuar, pero sobre todo ver una vida mejor, reflejada en un estado de tranquilidad y paz.

Recibir información espiritual es hacer crecer nuestra conciencia. Conciencia es conocimiento. Así como el recibir información científica hace crecer nuestra conciencia científica.

Si ponemos enfrente una manzana y/o un pastel de chocolate, la percepción de un bio-químico con estudios dirigidos a nutrición es muy diferente y con mucho cuidado digo "más elevada" que la de un comunicador con estudios de postgrado en música. Y lo mismo pero al revés ocurre, si colocamos enfrente una canción.

La sugerencia es hacerle preguntas al alimento en la mesa, crecer nuestro conocimiento, adquirir una conciencia mayor.

¿Qué es comer espiritualmente? Es muy sencillo.

Buscar la esencia de los alimentos.

Tratar de ver su alma. Intentar intuirla. Saber casi con exactitud que su esencia va bien con la de nosotros.

Ahora bien, si hay algunos lectores quienes no ven ni desean ver nada del alma de los alimentos, y exitosamente bajan de peso: ¡felicidades!

Pero si hay dificultad en seguir una dieta, en bajar unos gramos grasa, y esos gramos molestan, ¿por qué no intentar esta propuesta?

la **s** de sugerencia

Es muy simple: trata de buscar la esencia de todo en tu vida. Busca el alma de tu vida.

Por favor, intenta encontrar la esencia en tu comida.

simple:
tengo
oy tarea?

secuencia 4

o/¿tú qué crees?

40 | tengo tareah?

Insisto, parte del proceso de conocer la biografía espiritual de uno es descubrir el porqué uno realiza determinadas acciones. Tratar de conocer la esencia de esa acción.

¿Por qué deseas bajar de peso?

¿Sólo por verte mejor? ¿Cuándo deseas verte mejor? ¿Hay un día en el cual quieras verte mejor?

¡Ah! ya dimos con otro elemento realmente esencial.

La mayoría de los seguidores de dieta se llenan de deseo y disciplina y observan alegremente esos gramos grasa huir cual vil cobardes cuando hay una fecha importante en su calendario personal.

Puede ser una fiesta de un ser cercano y/o querido; un viaje, graduación personal; la boda de uno; incluso un trabajo; etc. y etcs.

La mayoría de quienes se embarcan en la aventura para echar de su vida esos kilos de más y tienen un plazo determinado por ese día especial, siguen la dieta y bajan.

¿Por qué?

Porque aun cuando la razón por bajar de peso sea únicamente física, y por lucir un aspecto exterior "mejorado", estas razones encubren un elemento espiritual. Y posiblemente sea el concepto espiritual más elevado. Piensa unos momentos por favor.

¿Por qué cuando tenías esa fiesta bajaste y ahora no?

O simplemente ese día especial.

Si continuas asesorándote con el mismo doctor, o tratas de llevar la misma dieta, ¿por qué ahora no?

Voy a respirar profundo, y voy a escribir un par de palabras clave: motivación/inspiración.

Ambos, son nombres artísticos de la fe.

Ese día especial llenó tu vida de motivación. Y cuando tú estás motivado, elevas tus actividades meramente físicas a niveles espirituales. Es sencillo, la motivación/inspiración es un concepto unido con la fe, la esperanza y el amor.

Primero, cuando tú ves ese día especial en tu calendario, lo observas con una certeza extraordinaria digna de aplauso. Sabes que tú vas a estar ahí. Que vas a llegar a ese día y a ese evento. ¿Cómo lo sabes? ¿Quién te lo asegura? Nadie. Precisamente nadie.

Y lo mismo con la certeza de que vas a tener todos los medios para estar ahí, que ese día va a llegar, que el evento se llevará a cabo. Toda esta certeza es producto de tu fe, de tu esperanza en un futuro. Y en ese futuro tú deseas estar, y deseas estar bien, verte mejor.

No está de más insistir que el *adn* de estas respuestas, son elevadamente espirituales. Así que tu vida espiritual funciona mucho antes ¡de que te dieras cuenta! Tu respuesta está relacionada con una fe extraordinaria. Y la fe envuelve tu certeza.

Segundo, aunque digas que sólo quieras lucir mejor, esa motivación está relacionada con el amor, el aprecio, el cariño. En ese día especial hay chispas de cariño, de estimación.

Y el amor mi concentrado amigo, es la fuerza que mueve todo el universo. El amor también es una de las fuerzas espirituales más poderosa.

Una fecha importante, un evento del futuro, ese día especial le impregna a tu vida de un objetivo, una dirección, el nombre de una estación a donde llegar. La energía que consume el vehículo que te lleva a dónde llegar, a la dirección de tu vida, al objetivo, es la motivación/inspiración.

¡*switchate* la grúa papá!

junta en el lugar de costumbre

"Gracias por venir. Mira, te vi en la grabación de la escena del pastel, actuaste muy bien. La dominaste. Excelente. Esa ya quedó. La escena fue formidable. Pero en esta otra. Por favor ve el video, estúdialo, repásalo."

"Es la escena donde los postres ya los cambiaste por fruta natural. Estás en tu casa y del frutero tomas una y la comes despacio. Dime por favor, sin enojos ni amonestaciones ¿quién fue quien puso en la mesa cinco frutas, si el departamento de compras adquirió dos solamente y montaje puso una en la mesa hoy en la mañana?"

"Mmh, mmh, yo las compré y las puse ahí Señor Director."

"¿Y la comida chatarra extra?"

"Yo también Señor."

"Ve bien el video. Revisemos la escena.

¿Y los dulces que traías en las bolsas?"

"Se los compré a mi viejo amigo del puesto de comida rápida, en el ensayo de ayer Señor."

Pausa obligatoria. Resistencia a la reacción.

"Bien. Te hablo con calma. Dime por favor, porqué comiste

todo esto, si en el guión viene señalado: de postre solamente una fruta , comerla despacio, reposadamente. Y al final de toda la escena, cuando todo iba estupendamente resulta que comiste fuera de guión, a velocidades triples, ¡sin ningún rastro de calma! Y te lo repito, no hay problema, todo saldrá bien. Pero me gustaría saber qué pasa contigo, dime por favor, ¿en qué andas pensando? Estás perdiendo concentración. Eres un excelente actor te conozco bien, he trabajado contigo toda la vida. (…)

Recuerda, aquí tú eres el estelar, tienes una trayectoria formidable, toda la producción de ésta historia es acerca de ti. ¿Qué pasa?"

"Bueno, yo compré todo esto pero no lo pensaba comer. Lo compré por si le daba hambre a algún compañero. Pero realmente, honestamente, no sé cómo ocurrió. Me perdí. Esa escena de la sopa, la ensalada, pedir todo asado sin pan. Todo creo lo hice bien, pero en la escena de postre, algo ocurrió. Y (…) no sé. Disculpas. No sé qué me pasó. Esa escena no la completé bien. Me desconcentré."

"¿Eso es todo? ¿Por qué perdiste concentración?"

"Me acordé de unas cosas. Es que vi algo y me recordó otras películas, otras escenas. (…) Estoy pasando por una etapa muy dura, muy difícil. (…) ¿Ya me puedo ir? Tengo que firmar unos autógrafos."

"Sí está bien."

"¿No quiere un dulce? Tómelo, al cabo tengo más en el carro." Pausa obligatoria dos.

De nueva cuenta un recordatorio: el diálogo interno es muy

bueno. Siempre que se aborde con sinceridad y cuidado. El hacer preguntas nos lleva a conocer nuestra biografía espiritual. Una buena pregunta lleva consigo una buena respuesta. Y una buena respuesta nos invita a caminar hacia un plano espiritual más elevado.

Una pregunta no contestada puede significar una acción no realizada y son gramos que afectan nuestro peso espiritual. Las respuestas esenciales y sus acciones adecuadas, aligeran nuestro peso, nuestra vida.

De esta junta imaginaria casi al filo con muchas realidades personales podemos obtener mucha información. La obvia es que nuestro compañero actor se salió del guión. ¿Por qué?

La primera "razón" evidentemente es porque tuvo el deseo.

De acuerdo, está bien. Buena respuesta espiritual. De paso quisiera descartar en este texto la posibilidad de desconocimiento. Podría argumentar un buen defensor "…es que yo no sabía que…"

Un niño de primaria ya tiene cierto conocimiento de lo que representa en calorías y valor nutricional una manzana o una bolsa de riquísima comida chatarra. ¿Acaso un niño de primaria sabe más que tú? Y si lo sabe, entonces ¿por qué el niño de primaria consume algunas veces lo no adecuado?

Porque el mundo es libre. Porque no tiene control de su apetito. Es más vulnerable, especialmente a los ofrecimientos atractivos publicitarios. El hace lo que él cree es mejor, aconsejado por sus voces internas, sus dos potencias internas, conocidas como ego (ver más adelante los informantes). Además, en obesidad espiritual infantil, casi todo el remedio está en los padres y su familia, en su escuela y sus responsables. No hay de otra. Aunque siempre hay la libertad de acción. Sin embargo, la causa y solución está en la biografía espiritual del niño. Tal vez en su familia. Su exceso gramos grasa se encuentra quizás en lo que ocurre en la mesa familiar.

También podemos escribir ¿acaso un estudiante de doctorado sabe más que tú? Pues sí, de algunos temas sabe más. Entonces ¿por qué el casi doctor come a veces lo inadecuado para su dieta personal? Porque el mundo es libre. Porque quiere, porque lo desea o porque su apetito lo convenció. No domina su deseo por ciertos alimentos. No sólo es saber más, es hacer más de lo correcto.

Regresemos al caso de nuestro compañero actor.

¿Qué factor ayudó a que realizara esa acción?

El que comprara todo lo extra.

Si compró algo es que tenía dinero. Y si tenía dinero significa algo muy bueno.

Pero eso bueno no lo ve nuestro actor. Ni nosotros cuando perdemos de vista lo esencial. El actor da por hecho que compra cosas extras, que tiene dinero, eso es lo normal. Esa cierta abundancia económica que goza y que permite comprar alimentos extras, no la ve nuestro compañero. Es un atisbo de abundancia no observable a simple vista. Tampoco se observa a simple vista el formidable hecho que no le hiciera daño toda la comida extra. Esto significa que su cuerpo está bien. Es un atisbo de salud, el cual también podemos percibir. No hay problemas de *hardware*.

Continuamos. En esta escena, tiene más peso visible su elección de comer lo extra. Las dos razones fuertes del porqué actuó de esa forma son: una cierta abundancia económica y una elección no-adecuada.

nota rápida

En este escrito damos por entendido que todos sabemos qué es comida chatarra ¿verdad? Y que no hay dieta para bajar de peso que incluya comida chatarra ¿verdad? Y que realmente hay una comida chatarra y no chatarra exquisitamente deliciosa (¡*gulp!*) ¿verdad?

La elección no adecuada en esa escena escena que depende de un guión es producto de una antigua acción: el hábito de visitar el lugar de su viejo amigo del puesto.

En español hábito tiene dos acepciones importantes para este escrito. Hábito es un modo de conducirse, un accionar que deviene en costumbre. Además, hábito significa una vestimenta, un ropaje, casi siempre relacionado con espiritualidad, con lo santo, lo sagrado. En términos prácticos en términos de acción, en beneficio de la simpleza de este libro, en el mundo de las costumbres **el hábito si hace al monje**. Es una verdad espiritual.

El hábito, el accionar repetidamente, como precursor de la costumbre, es una tendencia humana sencillamente robótica y peligrosa. O voy a matizar. Un hábito negativo es dañino y difícil algunas veces de cambiar. Un hábito positivo es luminoso y a veces más vulnerable. El mal hábito te hace sentir como si fuera parte de ti, como si fuera una vestimenta de toda tu vida, incluso de tus ancestros. Por eso es importante estudiar tu biografía espiritual, para que te des cuenta que ese hábito negativo es un ropaje adquirido, prestado, imitado. Posible de transformar.

El compañero actor "falló" en su actuación del parlamento final seguramente porque tiene la costumbre de visitar a su amigo, tiene el hábito de comprarle alimentos y repite robóticamente la gratificante acción de saborearlos ¡y comerlos! No cambia esos hábitos porque la costumbre se convierte en algo *normal.*

El compañero actor no se da cuenta, y no sabe porqué y cómo cambiar. En la mayoría de los casos no tiene acceso a esa información y/o no la recuerda.

Es solamente cuando desea bajar de peso por la razón que fuese; cuando pide ayuda a alguien que le puede asesorar; cuando a través de un texto una dieta en este caso, lo lleva a otra opción de vida, y finalmente a través de un análisis de sus acciones repasar la escena importante y evidentemente accionar adecuadamente, cuando baja los gramos grasa molestos.

A este proceso es lo que llamo bajar de peso a través de conocer parte de nuestra vida y transformar los hábitos.

Decíamos que hábito también significa ropaje, vestimenta, por lo general un ropaje santo usado en actividades espirituales. En espiritualidad el concepto del vestido está relacionado con la cáscara, con el aspecto externo de las cosas.

La recomendación en estas líneas es iniciar y fortalecer el diálogo interno ya que el análisis de nuestras acciones nos lleva a conocer su esencia, su alma.

En un nivel se puede afirmar que nuestras acciones son el vestido más visible de nuestra interpretación de nuestra alma. Y lo que se ve externamente es un ropaje que hacemos para cubrir nuestras interpretaciones, nuestros pensamientos que tenemos de esa esencia. En lenguaje simple, nuestras acciones son el ropaje de nuestros pensamientos.

Nuestras acciones son una cáscara vestido/ropaje que nos protegen del exterior. Como una manzana cuya cáscara protege su esencia. ¿Cuál es la esencia de una manzana?

Para contestar tenemos que pedir a videoteca una escena de unas manzanas rojas. Tal vez de la escena del frutero de nuestro compañero actor. Pero esa no, porque puede recordarnos esa falla, la junta. Mejor no. A veces no es bueno asociar escenas con otras menos cuando esa escena hace daño.

"Producción: ¡unas buenas manzanas rojas! por favor." Con buenas cáscaras. Con algunas líneas curvas. Las manzanas son física y espiritualmente muy buenas. Siempre caen bien. Son riquísimas. Su piel es solamente su ropaje. Su vestimenta. Su hábito sagrado. Porque todas las frutas son sagradas.

¿Cuál es el alma de la fruta? ¿Su esencia?

Su vestido está relacionado y pegado a su cuerpo, el cual protege su esencia, o todas sus partes. Porque aunque el alma es una, para poder capturarla en observación y para poder estudiarla y transmitirla a nosotros simples humanos, solo es posible a través de observar el cómo nos relacionamos con ella. Y para que esto sea posible hasta hoy, un camino es por medio del estudio de sus "partes" paradoja espiritual básica.

Tener conciencia de la esencia de las manzanas es tener información de ellas. Un buen principio es desear acercarse a algunos datos. Con un saludable punto de vista observamos su cáscara e intuimos su parte interna, así como sus sabios nutrientes esenciales: fibra, hidratos de carbono, potasio, el afamado antioxidante vitamina e, la gran ancestral sanadora vitamina c. Su pobreza extrema en calorías, su riqueza equilibrada en pectina. Magnesio, provitamina a.

Otro acercamiento a las manzanas es el comercial, económico, financiero, donde estas pomáceas nos pueden sugerir la geografía donde fueron compradas; el proveedor que las surtió; los accionistas de la empresa importadora o los socios de la empresa encargada de su plantación, distribución, comercialización. Posiblemente estas manzanas declaren a simple vista su precio kilo al público, el precio del intermediario, la posible ganancia obtenida por los cultivadores. El tipo de riego y clima que reclame naturalmente este tipo de fruto, la maquinaria empleada, así como unos verdes y rojos etcéteras, hasta llegar a contemplar la posibilidad de adquirir acciones en la bolsa de alguna empresa internacional relacionada con ellas.

Si tomamos una manzana en nuestra mano derecha, una visión sencilla espiritual nos invita a percibir el aroma que parece desprenderse de su colorida vestimenta, siempre ligada a llamar la atención, para agradecer lo suave de su textura y su facilidad de separación. Podemos pensar en un momento hasta de su amable digestión.

La pesamos con una sola mano y la observamos con la admiración de una vez primera. Vemos alguna de sus líneas curvas, algunas alargadas. Su delgado vástago que nos habla de sus ancestros, de su rama materna, y que fungió una vez como cordón de alimentación, donde recibía desde pequeña toda la información de lo que se iba a convertir.

Observamos sus dos colores contrastantes, uno externo relacionado con la vestimenta y el futuro. El otro bondadosamente ligado a lo interno, a su esencia, a su pasado. Ahí reposan vigilantes sus frágiles y oscuras semillas las cuales contienen toda su vida pasada, presente y futura. En estas semillas se encuentra la esencia de su biogenética, su biografía espiritual y sueños bien guardados, así como toda su descendencia en estado de posibilidad.

Al observar las semillas también podemos intuir y ver la tierra que las cubre, su húmedo ambiente, su renacer, su árbol, sus nuevos padres, sus hojas y ramas sus nuevos hijos. La vemos colgar mediante el vástago, esa ramita que la sostiene en su dependencia ancestral, hasta que vemos a la manzana caer en nuestra mano donde nunca ha partido, en silenciosa espera.

Realmente hay que dar gracias por la bendición de leer y observar estas manzanas. Agradecimiento extendido hasta un momento antes de comerlas.

¿A poco no es impronunciable la paz que trae consigo el acercarse a lo espiritual?

Esto amerita un descanso.

Los hábitos son costumbres que se van transformando en parte de nuestra vestimenta en nuestras vidas. Son acciones y ropajes. Hay hábitos que nos hacen daño, y hay hábitos muy positivos, siempre luminosos. La tarea pendiente es transformar los hábitos negativos en positivos.

Por lo general la dificultad mayor *habita* en saber cuáles son esos hábitos. Una vez detectados se simplifica el proceso. Se requiere algunas horas de ensayo, una buena dirección y listo.

En esta escena, con paciencia, dedicación y dirección, el compañero actor lo va a lograr. La sugerencia práctica es paciencia, ensayo, insistencia, dedicación.

Desear cambiar, pausar las reacciones no adecuadas acostumbradas, adquirir hábitos mejores.

Se lee fácil.

Pero como dijera la esposa cubana de un amigo:

¡no *é* fácil!

¡no *é* fácil!

alta definición

bionanciencia

secuencia 5

0/vida libertad claridad

Hemos citado *in abbastanza* como dijera una amiga italiana, el término biografía espiritual. Al decir que es bueno adquirir algo más de información espiritual y aplicarla a nuestras vidas ¿a qué nos referimos?

¿Qué significa espiritual?

Antes de continuar por estas delgadas líneas, debo confesar que me gustan mucho las definiciones. Definir es construir, ordenar, limpiar. Las definiciones son necesarias para una mejor comunicación. También aclaro que en este pequeño escrito, las tareas son personales. Casi todo es personal. La tarea, lo espiritual, la observación de nuestro mundo es personal.

Lo espiritual es un tipo de conocimiento personal que amplia eleva nuestra percepción, pues nos lleva a conocer la esencia de lo observado.

En mi opinión, espiritualidad es el conocimiento con el cual podemos reconocer esa esencia, esa chispa espiritual existente en el universo físico, en todos los mundos: el mineral, vegetal, animal y humano. Es muy simple, el conocimiento espiritual nos ayuda a reconocer esa chispa divina dentro de cada elemento físico que observamos.

Lo espiritual es observar lo físico con una percepción más elevada desde mi punto de vista. Es buscar la esencia de lo observado su alma. El conocimiento espiritual te invita a tomar acciones espirituales. Además, te hace consciente de ello.

¿Prender un incienso es una acción espiritual?

Si, cuando hay algo de información espiritual detrás del mero acto físico del encendido. Una acción es conscientemente espiritual cuando la persona así lo desea pensar y empieza a estudiar.

biografía espiritual

Casi todo está en nuestra historia personal. Por eso es bueno conocer nuestra biografía. No solamente leer en ella que nuestro nombre es tal y que nacimos en tal población en determinada fecha. Sino desear conocer porqué nuestro nombre es ~; porqué nacimos en ese poblado y no en Paris la cigüeña pudo ahorrarse el vuelo ¿no crees?; ¿por qué no nacimos todos en invierno?

Y no para complicarse la existencia, sino para todo lo contrario, para facilitarnos la vida. En el momento en que se atoran algunas cosas, como esos gramos grasa que no se quieren ir de la báscula, de nuestro cuerpo, de nuestros hábitos, conocernos ayuda a despedirlos amablemente.

Le doy el nombre de biografía espiritual, porque desde mi observación la esencia de nuestra vida es espiritual. Y lo espiritual se esparce por todo lo físico.

La sugerencia es conocer la biografía de uno y de nuestros antepasados, tener conciencia de nuestra vida. Es decir, anhelar, estudiar, percibir, actuar y activar la bioconciencia.

Bioconciencia es simplemente conocernos.

los informantes/el mundo libre

La Biblia es entre otras cosas, entre otras muchas cosas, un recuento de nuestros antepasados espirituales.

Cabe adelantar que nuestra biografía espiritual presente está enraizada en nuestros ancestros espirituales de los primeros tiempos. Hay que intentar también acercarse y conocer a algunos de ellos.

Los Sabios y estudiosos de la Biblia coinciden en que con tal de que la humanidad tenga libertad de elección, el ser humano es formado con dos potencias, dos fuerzas energéticas, dos simples ofertas.

En español el término más común usado por estudiosos y traductores de la Biblia es, inclinación.

La inclinación buena, la inclinación mala.

El ser humano va formando su vida gracias a su conexión con alguna de estas dos inclinaciones, estas dos fuerzas potenciales, por decirlo así.

Yo las voy a nombrar: informantes.

El informante bueno. El informante malo.

Son informantes porque informan de la realidad su realidad, ofrecen su informe y colaboran a formar la vida del humano. Además porque la mayoría de las veces se manifiestan como voces, las cuales informan. Algunas caricaturas u otras formas literarias visuales han plasmado con gran eficacia estos informantes en forma de un angelito y un diablito.

Para un estudioso de Historia Espiritual, de la Biblia, esto no es ficción, es otra verdad espiritual. El estudioso ve esa ficción coproducida con base en verdades espirituales.

Estos informantes se manifiestan por lo general en diversas voces interiores. Básicamente son dos, uno relacionado con lo positivo otro con lo negativo. En otras ocasiones se hacen presentes como una simple imagen, sensación, emoción. En términos muy simples en esto radica la libertad humana. En la elección de una oferta de estos dos informantes, fuerzas, potencias.

En nuestras escenas a estudiar anteriores, la actriz y el actor representan la informante mala, negativa. El productor y director de escena son el informante bueno, positivo.

Un informante te lleva a realizar tu camino espiritual. La otra fuerza, te muestra lo contrario. Es la oposición. Por eso se conoce frecuentemente al informante malo en escritos espirituales como el oponente. El informante bueno es citado como el aspecto luminoso, la luz. El bueno quiere que te conozcas, el malo se opone, te asusta con chantajes.

Algunos autores describen a estas voces como nuestro ego. Otros observadores han descrito desde antaño a ambos informantes como la simple intuición esa facultad de percibir. Yo creo que la intuición es la sensibilidad, el campo donde trabajan los dos informantes.

El malo el impostor es una sutil vibración de más baja calidad que el informante bueno que se presenta generalmente como una voz, como un gran actor. Actor que se disfraza constantemente según su conveniencia robótica.

Cabe mencionar que la relación existente entre los dos informantes, está asociada con la de los conceptos alma y cuerpo, positivo y negativo, bueno y malo, más y menos, adecuado e inadecuado, alto y bajo, hablar y escuchar, interno y externo, lo esencial y lo superficial. Luz y oscuridad.

El a veces llamado ego negativo es el informante malo no asesorado por el informante bueno.

Si vemos a un niño explotar en plena "actuación estelar" estamos enfrente de una excelente manifestación del ego. Es la conexión infantil con el diablito para hacer exactamente lo que desea en ese mismo instante y si no lo obtiene utiliza todas las herramientas posibles: llanto, gritos, berrinches, hasta llegar en casos extremos a agresiones. O por mejor expresarse, es el diablito el informante negativo que le ofrece a la persona una posibilidad y esta persona sigue esta sugerencia y la lleva hasta la acción.

El informante negativo ofrece solo una imagen, una posibilidad, su oferta. Simplemente hace su trabajo, y parece que lo hace bien.

Otro adelanto: el informante malo, no opera solo, es otro empleado del Creador, pero con posibilidades bajas de conciencia. Tiene un nivel de dificultad acercarse a este concepto, pero así es. Lo malo es la versión más baja del bien. En el mismo tenor podemos agregar que el cuerpo es la parte más densa del alma.

Y simplemente en eso radica todo el famoso libre albedrío: elegir una de esas dos ofertas la del informante malo, o buscar la del informante bueno.

sólo para actores

Una aclaración. Me gusta pensar que hay pasajes en la vida los cuales se asemejan a una puesta en escena donde los estelares los llevamos nosotros en lo individual y nuestra comunidad en lo global. Donde los actores somos nosotros en nuestro mundo. El guión lo coescribimos nosotros mismos junto con el escenario que nos regaló el Creador y nuestros padres. En este libro, la dieta es un guión de una escena importante, dentro de una producción única, nuestra vida. El rol de los informantes (el negativo en el anterior ejemplo) con respeto se lo doy al arte de la actriz/actor, a sabiendas que en la realidad espiritual ambos informantes existen en cada uno de nosotros y bien podría ser representado por cada una de nuestras actividades. Respetables todas.

Anuncio no pagado por la Comunidad de Actores Anónimos.

Por pausar el deseo de escribir y explicarlo todo. Y por los límites y esencia de este libro sólo añado que estas fuerzas, estas voces, los dos informantes conforman la realidad espiritual del humano. Observar estas voces internas es básico para un desarrollo espiritual. Para nuestra vida. Determinar cuál voz es la luminosa que hay que escuchar con más atención y en última instancia seguir su consejo para alcanzar la paz es la tarea pendiente espiritual de todo ser humano. El ser humano se va co-creando a través de sus acciones y resume temporalmente su vida en su actuación, producto de esta sabia y a veces no muy clara elección.

control/autocontrol

Cumplir al pie de la letra una dieta es todo el secreto para bajar de peso en la mayoría de los casos. Y aunque ya este revelado el secreto, el grado de dificultad es alto.

Comer con un guión es difícil pero la satisfacción es grande que no escuche el ego n ¡por favor!

Bajar de peso significa un logro importante. Ayuda a equilibrar la autoestima. Se "convence" a la báscula. Parece que la persona inicia una nueva vida.

Espiritualmente significa mucho más.

Espiritualmente quiere decir que tienes control. Que manejas bien el autocontrol. Que un área importante de tu vida la "controlas".

¿Pero realmente a quién controlas? A ti mismo.

¿A quién venciste? A la báscula no. Me atrevería a afirmar que la báscula no está triste porque perdió una batalla ante tu "fuerza de voluntad".

En tu biografía espiritual avanzar en la batalla de los gramos grasa es importante, porque venciste a tu enemigo principal: tu informante malo. Si alguna vez leíste o escuchaste que el peor enemigo somos nosotros mismos, el simple resumen es esto.

Autocontrol es vencer la oferta inadecuada, en la escena propuesta, en el guión que estás trabajando en este momento. El tener control significa que la actriz/actor haga lo que el señor director le pide, con base en el guión a trabajar.

El autocontrol también está relacionado con el concepto de resistencia. Resistencia a la tentadora oferta negativa, oferta que siempre aconseja atravesar ciertos límites. Operar sin límites significa desorden, caos.

Al ir adquiriendo "control" de esa escena, entrenas tu resistencia, la fortaleces, delimitas donde practicar ese tipo de conocimiento. Defines, ordenas, delimitas. El autocontrol te lleva al conocimiento espiritual. Conocer también es acercarse.

Una vida espiritual se basa en gran parte en autocontrol. Comer lo que hay que comer, a la hora en que hay que comer. Descansar cuando y donde haya cuando y donde descansar. Realizar el ejercicio suficiente.

¿Y todo para qué?

Desde una percepción espiritual, para alcanzar y gozar más paz.

Tener paz, tener acceso a la paz, habitar más tiempo en ella, es una tarea espiritual pendiente.

El concepto de paz en la Biblia se escribe:

שלום ←

el hebreo se lee de derecha a izquierda.

fonética → shalom

paz

escena
show

bioconciencia

secuencia 6

o/todo incluido

Puede sonar a una paradoja pero parece que así es. Para alcanzar la paz, se necesita estar en paz.

Para adquirir cierto control de tu vida es necesario un estado de tranquilidad. Y por autocontrol entiendo convencer a mi enemigo personal, el informante negativo cuando ésta haga su aparición en una determinada escena y quiera imponer sus ofertas y sugerencias.

Hay otro elemento básico. El tener una fecha especial, un evento en el futuro, decíamos implica un ingrediente espiritual primordial de todo ser humano. Esta fecha está relacionada con tener un objetivo, el cual le brinda sentido a tu vida, una dirección. Nociones todas alimentadas por la inspiración. Sin penas académicas ni sonrojos científicos ni adolescentes la motivación/inspiración es simplemente fe. Esperanza. Unificación con el futuro. ¡Y unificación con lo espiritual!

En la mayoría de casos que conozco, el *dietante* palabra recién nacida para mí, quien realiza una dieta, llega a su objetivo en kilos, o casi llega, porque está inspirado, tiene fe, está conectado con el futuro más bien con la fe. Pero este futuro tiene otra característica. El evento esperado y la fecha especial contienen: alegría.

No he escuchado ningún caso de un *dietante* afirmar: "…quiero bajar de peso, por si alguien se enferma y quiero lucir bien en el hospital, para que todos los enfermos me vean como uno debe verse, ¡bien!"

"Tengo que bajar mañana porque tengo que ir al funeral de … y tú sabes, todos esos dolientes … " No.

Nunca.

Y aquí aparece otro elemento importante. ¿Por qué cuando vas a un evento como visitar un enfermo, ir a ayudar a un necesitado por ejemplo un accidentado, asistir a funerales, no te importa bajar de peso?

En caso de que la razón primera para una dieta sea "verse bien" y la segunda por "salud" o "sentirse bien" la mayoría de casos escuchados, ¿por qué no te interesan estas razones al ir a este tipo de eventos eventos relacionados con dolor?

Yo observo que la respuesta es: porque realmente no importa cómo te vean. Tampoco te importa cómo te vean. Y realmente, no importa.

Si vas a esos sitios, es por una razón espiritual simple: ayudar, compartir, alentar. Porque hay un lazo espiritual fuerte: la amistad, la hermandad, el amor.

En esos terrenos altos tus kilos no importan. Tu apariencia no importa. Menos importa lo que tú imagines lo que signifiquen "tus kilos" y "tu apariencia".

¿Has tenido un amigo, una amiga muy delgada?

¿Has sentido gran afecto por alguien obeso?

¿Te ha importado lo que dice la báscula de esa persona?

¿O tú no escuchas chismes? Bueno, cabe agregar que la báscula es muy honesta, tan honesta y sincera como la chequera. Ambas sin ningún tipo de tacto, por cierto.

Lo esencial es recordar que si a ti no te importan los kilos de más o de menos de tu realmente amigo, lo más seguro es que tus gramos grasa no sean esenciales para él. Y aquí aparece una invitada que tiene mucha prisa, la aceptación.

Bajo la óptica de este libro, no es importante lo que digan de ti. Es más, es un estorbo, un obstáculo a tu camino. Atención, siempre y cuando tengas conciencia espiritual, revises tus tareas pendientes y las realices.

Los grandes Sabios aconsejan no escuchar de más.

Tu vida espiritual no necesita aceptación. Lo esencialmente necesario es listado en constante actualización: estudio, paciencia, transformación, paz y… ¡alegría!

¡Ya sentía que algo se me estaba escapando!

Mucho del éxito en hacer una dieta radica en la motivación/inspiración, palabras relacionadas íntimamente con la fe. El futuro, especialmente ese evento, tiene que contener el elemento de alegría. La alegría es fundamental para tu vida espiritual, para tu dieta y para tus seres cercanos.

Si una dieta te lleva a la depresión constante, un consejo espiritual: deja la dieta, páusala, pospónla. Trabaja otras áreas espirituales. Revisa otras tareas pendientes.

Tal vez vas a estar con algunos kilos menos, algunos aparentes *fans* de más si es que logran soportarte. Sin embargo, espiritualmente la depresión es una de las primeras cosas de las cuales hay que huir. La depresión es la manifestación del informante negativo. O por mejor explicarlo, es la toma por asalto de ese informante la potencia negativa de tus acciones. Es la actriz/actor que se sale del guión, agrede al director, le grita al productor, insulta a sus compañeros, llora, patalea, dice que odia a sus *fans*, va con el dueño de la productora, y a veces frena.

La depresión es exactamente todo lo contrario al autocontrol.

La depresión es la manifestación del ego. Su manejo de la escena. El informante malo.

Hay que evitarlo a toda costa. Y si hay que abandonar la dieta. Hay que pensar seriamente pausarla sin depresión.

Tal vez no sea el momento adecuado tu momento para bajar. Tal vez no sea la dieta adecuada para ti. Tal vez no sea recomendable que debas ponerte bajo el filo de ese rigor. Por el momento.

Dicen los Sabios que no es bueno torturarse.

Otra vez, en beneficio de la claridad, la obesidad espiritual personal, posiblemente no se encuentre alrededor del abdomen. Tal vez los obstáculos para bajar se localicen en alguna otra parte de tu historia. Y hay posibilidad de que algunos kilos sean tuyos y otros no. Hay que identificarlos, separarlos y transformarlos. Para acercarse a su reconocimiento es importante el autocontrol, un estado mental de tranquilidad con destellos sinceros de alegría.

La esperanza trae alegría.

Pero como dijera un amigo brasileño: ¡*um momentiño!*

¡*Swítchate* la grúa compañero!

"Mira, tú eres una excelente actriz, ya lo sé, pero eso no justifica que trates mal a tus compañeros. O que les grites. *Ok*, estoy de acuerdo que ya dominaste la escena del pastel, ya no has improvisado comiendo otras cosas. Oye a propósito te ves muy delgada, ¿has bajado de peso?

Pero eso de gritar, ¡esos arranques! La señora de vestuario no tiene la culpa de tu éxito. ¡Por favor! ¿Qué te ocurre?

¿Qué pasa? Cuéntame.

Estudia tu actuación. Dime por favor ¿qué te está pasando?"

"Realmente no sé qué ocurrió. Simplemente te digo que fue algo incontrolable. Todo ocurrió muy rápido.

Pero sabes una cosa, es que ese guión, (…) la verdad está muy mal *redaccionado*. No tiene sensibilidad. No aporta nada nuevo. Está mal hecho. Cómo se le ocurre al escritor poner eso de no comer entre comidas. ¿Qué es eso? ¿Qué significa? Que no sabe que eso es ¡imposible de decir! ¡de hacer! hoy en día no es posible. Ese escritor ya no escribe para el auditorio de esta época. Ya está muy pasado de moda. Mira Yo he cursado unos talleres de redacción, y otros de nutrición, que ¡para qué te cuento! Y con qué clase de escritores ¡yo he trabajado! ¿No sabe él quién soy yo? ¿Escribirme eso a mí? ¿No sabe a qué niveles he llegado yo? Y luego tú ¿me reclamas a mí? Tú tampoco ya me entiendes. O quién sabe que tramas, o…"

"Está bien, no te sulfures. Cálmate, cálmate. Regresemos al foro."

"¡Ah, y esa del vestuario es una cualquiera, ignorante, una estúpida!

¿Quién se cree que es ésa, (…) ¡diseñadora! Ella es absolutamente, nadie. ¿Me entiendes? ¡Nadie! Y de vestuario no sabe nada. ¡Que me limpiara una mancha de pastel, ¡por favor!

¿Sabes una cosa?, voy a cancelar todo ¡eh!

¡Todo!"

Mejor apaga la cámara compañero.

Esta escena es rica en enseñanzas espirituales. De lo aconsejable a evitar. Me voy a enfocar en solamente dos aspectos. Tú puedes percibir y estudiar los que desees.

No sé si alguna vez has escuchado este tipo de diálogo, pero es simplemente muy humano. Infantilmente humano.

Insisto en que el papel de los informantes bueno y malo, se lo doy respetuosamente al arte de la actuación, porque ¿a quién se lo podemos dar? Aunque el *casting* lo puede ganar cualquier actividad de nosotros, necesitamos un profesional del actuar. Además un análisis de nuestra biografía espiritual estudia nuestras actuaciones en el escenario más importante: nuestra vida. Todos tenemos algo de actores, con destellos de *pop stars*. Otra aclaración: dentro de este mismo guión el productor es otro actor, porque en esencia representa al informante bueno.

Evidentemente la actriz sufrió un ataque del informante malo, del ego. Es decir, un ataque de no-control. Este tipo de escenas muy lucidoras son verdaderos *shows*. Los *shows* negativos son actuaciones muy vistosas del informante malo. El rigor que causa estar bajo tensión, como lo es dominar en las primeras etapas una dieta, puede desencadenar una escena de estas.

¿Qué es un *show* negativo? Es el estallido del informante malo vestido de actor, de *pop star* conectado a un estado de incomprensión. Un niño. El ego n al mando de la escena personal. Sin importar los otros actores, la escena, la producción global. No importa nada. Solo estallar para desviar la tarea pendiente. Es aceptar la oferta negativa y llevarla al drama. Algo positivo como es una dieta, transformarla en algo negativo. Lo bueno transformarlo en malo.

Un detalle importante: la misión del informante malo es exactamente esa, transformar lo bueno en malo. Cuidado.

El segundo aspecto que nos puede nutrir, es detectar que nuestra actriz sufrió un golpe mareador del *efecto c2fas* (comprador de 2 fascículos). Ahora resulta que nuestra compañera quiere mostrar saber más que el escritor, el director y la compañera de vestuario. Claro que puede saber más, pero su papel es respetar el guión y a sus compañeros por no citar al responsable de la producción.

En vida "real" hay casos de personas quienes acuden a un nutriólogo y quieren hablarle de calorías. Quieren enseñarle cómo hacer una buena dieta. Quieren compartir sus experiencias anteriores con otros profesionistas. No llevan la dieta y a veces terminan sin bajar y sin doctor.

Esto es producto también de seguir las sugerencias de una de sus voces internas, su informante negativo. Mostrar el saber más y los *shows*, están relacionados con dos tareas espirituales muy importantes: humildad y dignidad humana. Aunque sepamos mucho de nutrición, dietas y medicina, sería bueno conectarse a la humildad y tratar de *formatear* toda experiencia anterior para que la dieta funcione. O por mejor decir, para que el *dietante* funcione.

Por su parte, el ataque de ego, el estallido hace que la actriz no vea a nadie más que la imagen que persigue. No ve a nadie. Solo persigue una sombra. Y por eso actúa así. Únicamente se ve a ella, o a una parte de ella, la negativa. O por mejor escribir, tan solo escucha una voz y le hace caso.

No puede darle dignidad humana a alguien si no lo ve, si en ese momento no existe para su ojo.

Además, después de un ego-asalto de esta magnitud, de un *show* con extra producción, cualquiera queda nulificado, como si su vida se le hubiera escapado junto con sus palabras. Hay un vacío más grande. Puede entrar a una escena repetitiva que sólo lleva a una depresión más grave. También es muy bueno, porque puede empezar de nuevo.

Como está sugerido anteriormente, tristeza y depresión solamente aumentan el peso de los kilos. ¿Qué hacer? ¿Qué rehacer?

la **n** de sugerencia

Empezar de nuevo. Pedir perdón y otra oportunidad, otra toma. Estudiar y pedir ayuda. Transformar. Estar alegre. Prepararse para el siguiente ataque del informante *m*. Ser humilde. Seguir ensayando. Brindar dignidad humana. Conectarse al informante bueno.

la
escena
esencial

biociencia

secuencia 7

o/por si no lo han escrito

Nada justifica el daño que se le hace a otros compañeros de escena, de la producción, de nuestra vida a los seres humanos.

Espiritualmente nada justifica una agresión.

Por la misma razón, tus enemigos no deben hacerte daño. Ni tu enemigo personal (tu informante negativo) debe hacerte daño alguno. No espiritualmente, no físicamente.

Hay quienes una vez liberados de cierta grasa corpórea, muestran que tienen algunos gramos grasa espirituales de sobrepeso, los cuales se ven reflejados en su trato a los demás. Esta es una tarea pendiente.

Todo logro en tu vida espiritual, tiene que verse reflejado en tu trato a los demás. En el respeto que le des a tu prójimo está el resumen de tu calificación y peso espiritual. En cómo te expreses de ellos. En la idea que tengas de ellos, sin importar todas las razones que puedan existir. Los argumentos, trampas, engaños y verdades que hay en las razones que generalmente ofrece el informante malo. Importante recordar que el daño espiritual que sufre el mismo agresor es de alta consideración. Los pensamientos, palabras y actos que una agresión puede desencadenar son delicados. Claro, todo puede arreglarse.

Los Sabios estudiosos de la Biblia han coincidido en señalar que la esencia de todo nuestro libro sagrado es:

y ama a tu prójimo como a ti mismo

Esta es la enseñanza espiritual esencial. Y la tarea espiritual pendiente de ¡todos!.

Esta secuencia se encuentra en el tercer libro llamado en español Levítico, capítulo 19 secuencia 18.

El texto original es:

← ואהבת לרעך כמוך

→ veahabtá lereajá camoja

yama alprójimotuyo comoatimismo

En un análisis equilibrado del texto e intensamente amplio a la vez tendríamos que saber primero:

El significado que tienen todas y cada una de las letras.
Como por ejemplo las que se traducen: y y como.

Qué es ama (amor).

Quién es el prójimo.

De qué se trata el concepto bíblico ti mismo (¡Tú!).

Para aligerar el contenido de este libro, nos vamos a enfocar en un solo concepto: el prójimo. ¿Quién es el prójimo? Voy a escribir tres niveles de interpretación personal, en la inteligencia que sabemos que la Biblia tiene un · y · número de aproximaciones y comprensiones. Un número elevado.

· El prójimo es todo ser humano.

· El prójimo es aquel humano quien está más cerca de ti. Es decir, quienes integran tu comunidad. Es la versión más conocida y "practicada".

· El prójimo es quien aún está más cerca de ti: tu esencia. Lo sublime de tu conciencia, pensamiento, lo mejor de ti.

Incluso, podemos ir más profundo pero antes algunos antecedentes: al informante negativo le atrae lo espiritualmente negativo; lo negativo se dice en hebreo *ra*; al informante malo le gusta disfrazarse, y uno de sus favoritos es ¡el de bueno! En nivel nano - micro, esa posibilidad negativa disfrazada de positiva se presenta, sugiere y oferta dentro de cada ser humano. Es el engaño más sutil. En hebreo "alprójimotuyo" se escribe לְרֵעֶךָ ← y se lee lereajá. Esta secuencia contiene las letras base "consonantes" רע ← las cuales se traducen generalmente como vecino/prójimo/compañero al leerlas como *rea*. Sin embargo de estas dos letras se pueden obtener otras lecturas. El concepto de vecino/prójimo/compañero y el concepto de lo negativo comparten las mismas letras base en hebreo pero con diferente vocal. Si seguimos una antigua tradición de cambiar transformar vocales, y en vez de *rea* leemos *ra*, entonces descubrimos algo básico: lo negativo puede disfrazarse de tu prójimo y engañarte. De aquí que a veces defendamos tanto una negatividad personal, o algo no apropiado. Por falta de cierto conocimiento y circunstancia creemos que el aspecto negativo es el positivo. Esto es simplemente: micro engaño espiritual. Esto significa que la secuencia bíblica yama alprójimotuyo puede llevarnos a la luminosa sugerencia: "descubre y acepta tu aspecto negativo" (tu informante negativo). En términos prácticos se aterrizaría en: hasta tu aspecto negativo lo tienes que cambiar con conocimiento. O por facilitar la propuesta: hasta tus negatividades tienes que transformar. Amor también es transformación. Amor también es conocimiento. No transformar al otro, al ser humano de enfrente, sino a ti mismo. Hasta a ese informante malo, tu real y más cercano enemigo, hay que tratarlo con sabio aprecio. Por lo menos reconocerlo, que por cierto de eso pide siempre más.

Dicen los Sabios del *Zohar* que está prohibido torturar el alma. Y siento que a esto también se refieren. Hasta ese enemigo que siempre se disfraza dentro de nosotros mismos y nos lleva por una senda espiritual inadecuada tenemos que saber reconocer, tratar y transformar con sabiduría espiritual. Si hay una tarea espiritual pendiente es ésta.

Hay que transformar las acciones sugeridas por el informante negativo. ¿De qué manera? Escuchar su oferta y saber que nos quiere engañar, que tiene disfraz. Elegir lo más adecuado espiritualmente. Buscar, escuchar y seguir al informante bueno.

¿Cómo? Ubicándolo, estudiando nuestra escena, pasando los obstáculos, logrando el autocontrol, elevando nuestra conciencia, siguiendo nuestro camino por alcanzar la paz.

Si al pensamiento negativo hay que otorgarle cuidado de trato, pues es lo negativo disfrazado, tu micro vecino sucedáneo más sutil a trabajar, hay que hacer el esfuerzo de transformación necesario para que tu concepto de trato/dignidad/respeto/amor conceptos emparentados, aplicarlo al humano más cercano a ti.

Al transformar gradualmente los argumentos del informante *m*, tal vez percibamos más cerca al prójimo de la comunidad y realmente lo respetemos y lo elevemos a niveles superiores de su posición actual.

Al continuar ascendiendo tal vez logremos finalmente la tarea esencial de ofrecerle dignidad al ser humano de nuestro mundo conocido. Dignidad humana es reconocer que tu prójimo tiene una chispa divina, un alma a respetar.

Una dieta ofrece la gran oportunidad de sentar bases sólidas para un camino espiritual. Es además, una gran bendición percibirlo de esta forma. Es otra bendición percibir la posibilidad de conocer tu biografía espiritual y hacer cambios en tu vida, por el deseo simple de bajar unos gramos grasa de más. ¿No es grandiosa esta pequeña y luminosa posibilidad la cual impregna de maravillosa bondad tan sencillo retorno espiritual?

Debido a que este libro es de obesidad espiritual, mejor pasemos a la báscula.

Es importante el conocer poco a poco la manera en que tratamos a los demás. Qué opinión tenemos de los seres humanos. Qué es la humanidad para nosotros. Cómo la percibimos. Cómo se han portado con nosotros esos humanos quienes están más cerca de nosotros. Y nosotros con ellos.

¿Cuál es tu opinión de tu comunidad? De los seres humanos con quienes convives. De sus apoyos incondicionales. De las traiciones que te han hecho. De los momentos especiales.

De tu familia en orden de aparición. Tus papás, hermanos, esposa, hijos. De tus amigos. De tus "enemigos".

¿Puedes valorarlos con equilibrio? No. Simplemente porque no tienes todos los elementos de su biografía completa. No. Simplemente porque es un consejo espiritual básico no juzgar a los demás. ¿Cuáles son las palabras que pronuncias para describir a todos ellos? ¿Es mucho no? Sí, es mucha información.

Cito esto porque tal vez muchos gramos espirituales adheridos a lo anterior son los que no te permiten bajar los gramos de grasa corporal.

La recomendación es vigilar nuestras palabras y descubrir si han hecho daño o han colaborado para la construcción de nuestra biografía espiritual. El poder constructivo de las palabras es grandioso. Parte de nuestra biografía está construida y mantenida por las palabras. Hay que cerciorarse que tengan mezcla espiritual fuerte y que no lleven materiales de destrucción desproporcionada. Una cosa es transformación, otra es destrucción.

Incluso nuestro "juicio" a nuestra querida actriz de la escena donde desprecia a los demás hay que vigilarlo con cuidado y bondad. No hay que espantarse o sobre-alarmarse del actuar de la actriz. Tampoco observarla con tanta severidad sobre su trato a sus compañeros. La actriz también está en proceso de aprendizaje. Está puliendo su actuación.

No se puede juzgar a esa actriz o a sus desplantes de *pop star* negativa, salvo sea para aprender de ella. Salvo sea nuestra propia actriz, nuestra voz informativa negativa aún así hay que hacerlo con cuidado espiritual. En nuestra misma vida, nuestra producción, hay momentos en que subimos al escenario y devenimos *pop stars* en ambos aspectos positivos y negativos. Y hay ocasiones en que esa estrella se conecta a lo negativo.

Aquí, hay un elemento graso donde me gustaría hacer una escala analítica. Unas calorías espirituales muy delicadas en su manejo que produce peso espiritual. Estos elementos son los relacionados con culpas, auto veredictos, recuerdos negativos (tareas espirituales pendientes). Voy a tratar de suavizar y compactar en simpleza esta delicada tarea, este delicado y sutil agente negativo. Recomiendan los Sabios, no juzgar a los demás, al prójimo, salvo te encuentres en su lugar. Nunca vas a estar en su exacto lugar. Olvídalo. Entonces la tarea es: no juzgar. Tarea difícil, no imposible.

En la práctica se puede reducir al mínimo. Observar tus palabras, cuidar con quien platicas, orientar tus pensamientos. No es recomendable juzgar a los demás, menos a uno mismo podríamos intuir. Ya vimos que el prójimo también es uno mismo, o a veces una parte falsa de uno: nuestro informante negativo.

Pero si no te juzgas ¿cómo vas a cambiar? La paradoja se simplifica con el matiz, el equilibrio, el cuidado. Y porque no escribirlo, con el amor. Juzgar es el aspecto severo, estudiar una actitud es una opción bondadosa. El observarse necesita tener una esencia de amor, de deseo de transformar a bien, y de ayudar al prójimo. Además cuidarse de no emitir un auto veredicto. Asimismo recomiendan los Sabios, o lo recuerdan simplemente, que el verdadero juicio o para usar los términos espirituales, el veredicto auténtico y sabio es del Creador. El Amo de todas las esencias. O sea que la báscula espiritual más importante únicamente la realiza el Señor Dueño Real de la Producción. Y esto ocurre al final de nuestra producción, que comprende todas las escenas de las películas y telenovelas que actuamos y co-producimos todos los días. O sea la báscula espiritual más importante se da cuando ocurre nuestro corte final. Listos para ver la producción entera en una cómoda e íntima sala, dependiendo del tipo personal de producción, dirección, guión, actores, etc.

Hay que tener conciencia de esto. Es una realidad espiritual, para mí. Así lo percibo. Por estudio de todos mis Maestros, gracias a Dios. Lo escribo para recordar que nuestros juicios nuestros análisis son siempre cortos, parciales, llenos de huecos de información. Los juicios que hacemos de los demás, y de nosotros mismos, que al final de cuentas somos los mismos. El juicio que hacemos de alguien o de nosotros, está relacionado con el concepto de culpa. Nuestras palabras y acciones producen ciertos frutos. Y las culpas son los gramos grasa espirituales de "mayor peso". Cuidado: arenas literarias. Leer más por favor.

Desde una perspectiva de biografía espiritual, las culpas son una trampa de la voz informativa negativa. Una trampa de cuidado. Es ese informante malo que utilizando sus dotes histriónicas se disfraza y nos lleva a la depresión, a la tristeza, al congelamiento espiritual. La inacción.

¿Qué es una culpa? Es algo que hiciste en el pasado, hoy ya sabes que está mal hecho estuvo mal construido, pero no sabes cómo repararlo. Tu informante negativo te dice que no hay forma de repararlo, todo está perdido auto veredicto. El informante empieza a lamentarse, llora y te convence. Luego lloras tú porque verdaderamente crees que no hay forma de repararlo. Te sientes como un canalla. Culpa. Depresión. Inacción. Congelamiento. Bueno, algunos lloran, otros gritan, otros agreden. La misión es dañar al prójimo. Todos los prójimos.

Pero la verdad es que si hay forma de reparar. En lo espiritual siempre hay forma de reparar. Es más, de eso se trata la vida. Y lo mejor es que es posible reparar y sentirse mejor, tranquilo, y proseguir el camino hacia la paz con más paz.

Vamos a describir un guión ejemplo respetando los límites de la privacidad conformado por varios casos reales afines.

El estelar de este caso es un buen lector. El compañero lector de este libro quiere bajar de peso y ha intentado varias dietas.

Ya no puede mantener su equilibrio de kilos y nuevamente es considerado obeso, su equilibrio emocional está afectado, es constantemente infeliz, experimenta altibajos, etc.

Dice tener mucha fe. Además pide ayuda a un doctor y va a terapia. Vamos a asumir que no hay problemas originales de su físico. Como diría un amigo cibernético, no hay problemas de *hardware*. Generalmente no los hay.

En terapia nuestro amigo afirma que se siente "altamente culpable" y una repentina imagen de cuando era niño lo persigue. Es una escena donde él tiene un juguete que recién se lo habían comprado, un juguete muy preciado, y su primo se lo pide prestado. Le niega el préstamo, su primo le dice que es un egoísta, se dicen cosas, y el paciente recuerda que le aventó el juguete, le pega en la cabeza, y se va llorando. Pasa el tiempo, crecen, el primo vive en otra ciudad, y hay noticias de que enfermó de un problema de la vista. El guión puede alargarse muchas sesiones.

Es importante mencionar que una ayuda profesional siempre es bueno evaluar. Y si hay posibilidades económicas y encuentras uno en quien confiar, hay que valorar y buscar esa asesoría. Hay que contemplar la posibilidad de pedir ayuda a un psicoterapeuta y/o a un psiquiatra y/o un especialista confiable, según las posibilidades, circunstancia y el consejo de nuestros asesores. Hay que cruzar las pantanosas frases como: "ya sé qué me va a decir" o "yo, no lo necesito". Cuidado.

Hay casos en que es más que aconsejable. Trata de buscar ayuda de alguien quien sea espiritual básicamente.

Por otra parte, hay que tener conciencia que existen casi 7 mil millones de casos en este momento y el guión escrito aquí es un acercamiento global. De la población mundial cada niño cuenta su historia, según sus posibilidades.

Bien, la imagen causa de los primos es una repetitiva escena que viene a la mente y ataca, y le dice a la persona: arriba las manos más bien abajo ¡es un asalto! Realmente es un asalto. Hay que tener cuidado y es necesario descubrir al asaltante.

En mi opinión, esa escena del pasado puede ser una alteración más de nuestro informante negativo. Es otra actuación de la voz negativa, en el extraordinario doble papel de niño/adulto actor/director que recrimina, recuerda y hace sentir deplorablemente culpable a nuestro *dietante* amigo.

Esa tarea espiritual pendiente, esa culpa que hace que nuestro amigo pese más (por el juguete aventado), tiene un poco de verdad y mucha fantasía negativa. A veces nuestra vida se llena de falsas creencias e información descompuesta.

Hay que recordar que esa inclinación negativa es a veces un buen actor, y otras un excelente director. Además de que cuenta con todos los recursos de producción posibles a su alcance. Recursos proporcionados por nosotros.

El consejo más simple es: háblale al primo y pídele perdón. Dile que jamás lo volverás a hacer. Sinceramente debes decirlo y asegurarte que no lo harás de nuevo. Lo más seguro es que no se acuerde y que te perdone.

Otra posibilidad es que se acuerde de la escena pero que te corrija que nunca le aventaste nada, que no ocurrió de la forma que tú crees. Pero te va a perdonar.

La tercera simple posibilidad es que se recuerde que le aventaste el juguete, que se sonría contigo y te dé un abrazo. Te va a perdonar. Además te va a contar que el problema de la vista fue por una operación que (…).

Claro, esta certeza de que te va a perdonar está en relación con tu nivel de perdón. Y el de la persona.

Si tú fueras la parte agredida y alguien viene a pedir perdón, ¿se lo concederías?

¿Se lo concederías aun antes de que lo pidiera?

¿En qué nivel está tu perdón?

¿Perdonas al prójimo que te aventó en la cara el guión en esa junta?

¿Perdonas a tu prójimo interno cuando tú le arrojaste el guión a tu compañero al final de esa escena?

Amor también es perdonar.

Ahora bien, si pides sinceramente y si esa persona no te perdona, quien tiene una tarea pendiente es ella.

Asimismo es importante saber que hay gente que ha hecho mucho daño. Y en algunos casos no se trata simplemente de un juguete aventado. Hay que tratar. El informante malo de todas formas te va a decir que tu caso no tiene remedio. El informante bueno, en espera de tu trabajo espiritual, siempre te va ofrecer una señal de un camino que te llevará hacia la puerta luminosamente adecuada, para ti.

Algo práctico: si te deprimes y te congelas si te *freezeas* estás escuchando la voz incorrecta. Recuerda que todo puede ser perdonado. Todo puede ser reparado.

Es cuestión de desearlo, realizar el trabajo espiritual y regresar a la paz vía el perdón sincero de y a tus prójimos.

la **c** de sugerencia

Pienso que la escena esencial es:

← ואהבת לרעך כמוך

→ veahabtá lereajá camoja

yama alprójimotuyo comoatimismo

Sugerencia que hay que recordar.

Y la cual entre diversos niveles de interpretación tiene una relación de afinidad con perdonar, y a veces con olvidar.

Recordar, perdonar, olvidar.

Matizar, equilibrar, vivir, continuar.

turistas
de
primera clase

secuencia 8

o/el boleto cuesta

Otro elemento importante para la biografía espiritual, y para el proceso de bajar esos gramos grasa es: la aceptación.

Si tus kilos de más realmente son muchos, o bien si desde niño o desde joven tu apariencia lucía un poco más redonda que la de tus prójimos en tu comunidad cercana, sabes de qué se trata el tema de la aceptación.

De todas formas sabes qué es esto. Porque la aceptación está unida a la tolerancia y la tolerancia tiene que ver con la dignidad humana, con el trato que recibes como simple ser humano. Y si crees que no eres aceptado por obeso, entonces puedes creer que no eres aceptado por delgado, o porque no sabes algo, o porque sabes mucho, porque tienes dinero, o porque no lo tienes.

"Realmente si tu problema no es de aceptación, es porque no quieres, porque hay muchas posibilidades de sentirse no aceptado", dijera un informante que conoces. "Hay muchas cosas por las que puedes sentirte mal" agregaría. El informante bueno diría: "… ¡pero hay muchas más por las que hay que sentirse bien!"

La idea de la aceptación está enlazada a tus creencias, de lo que tú piensas que los otros piensan. Algunas veces con razones fácticas, otra vez veces históricamente no comprobables.

En biografía espiritual, o por mejor decir en lo espiritual desde mi opinión y de algunos maestros, la aceptación es por lo general un obstáculo para el crecimiento espiritual, por llamarlo así.

Claro, y mucho cuidado, es un elevado concepto que merece mucho estudio y transformación personal.

La aceptación de los otros no importa en tu quehacer espiritual siempre y cuando no dañes a ningún prójimo. Para aterrizarlo en la esencia de este libro, simplemente: lo que diga la báscula de tus kilos o sea su opinión no deben interrumpir tu camino hacia tu paz completa. Un añadido importante: el concepto que tú tengas de la aceptación de los otros hacia ti, tiene una relación con la aceptación de ti hacia los otros (tu prójimo).

No significa en absoluto no bajar lo que hay que bajar. O como el chiste que me comentó un amigo obeso por cierto: "No es que tenga kilos de más, lo que pasa es que tengo centímetros de menos. Debería medir ¡2.40 metros!"

No es un relativismo barato y falso de que los kilos de más son lo de menos. Es compartirte una opinión personal: sería bueno saber cuántos kilogramos realmente tú pesas de más.

¿Realmente cuántos gramos grasa están dañando tu vida?

¿Dónde está la esencia de esos gramos? ¿Están en la comida, en tu pasado, en tus pensamientos? ¿Es por una moda impuesta de algunos *pop stars*? ¿Por qué piensas que no te aceptan?

Por favor medita, en tu propia vida, en esas escenas de amistad, con quienes compartías tus vivencias públicas y personales, ¿le pedías a alguno un certificado de báscula que debía pesar determinados kilos para ofrecerle amistad y cariño?

Hoy en día, para convivir con alguien a quien aprecias ¿le pides un certificado de kilos? ¿O le pides una copia de su estado de cuenta bancaria, o certificado de estudios?

No. Cuando aprecias a alguien, lo aceptas.

Ahora si ves a alguien delgado y tú no lo aceptas, entonces esto

cambia. Tarea espiritual pendiente: la envidia y/o la tolerancia.

Si efectivamente hace muchos años en vidas pasadas dijera una amiga astróloga, **despreciabas a los obesos, entonces también cambia el guión.** Tarea espiritual pendiente: cuidar palabras y/o tolerancia.

Tampoco se trata de hacerte culpable de todos tus kilos. No es entrar a un sistema de pensamiento donde eres culpable de todo. Tampoco es permanecer en uno donde no eres responsable de nada. Es saber casi con exactitud cuáles gramos grasa son tuyos, y cuáles no. Cuáles gramos hay que bajar y cuáles no. Cuántos gramos se pueden eliminar y cuántos no.

Y vamos a estudiar bioconciencia a nivel más profundo.

Vamos.

La aceptación también está enlazada al cariño que te den los seres humanos. El cariño, el afecto, la amistad son variaciones maravillosas de un mismo tema. Son diversos niveles de amor.

La aceptación de los demás está en relación con el nivel de amor. La aceptación que tú crees necesitar está en simetría con el amor que tú crees recibir. Piensas recibir porque lo mereces, has dado mucho, naciste para ello y así por la misma báscula.

En general la aceptación se percibe como una manifestación de amor, en una prueba de cariño.

Esto ofrece dos panoramas. De un lado no es una afinada percepción. Cuando tú percibes que no te aceptan, a veces la causa no tiene que ver contigo. Habría mucho que preguntar a ellos.

Por otro lado, si tú traduces aceptación por amor, es una excelente noticia. Porque hablar de amor, sentir amor, percibirlo es un terreno meramente espiritual. El amor también es una de las manifestaciones más sublimes de este universo y ¡de todos!

El Creador de toda esta súper producción la Esencia de las esencias también es amor.

Si hablas sinceramente de sentir amor, es un indicativo que tienes fe, esperanza, altos conceptos espirituales relacionados con motivación, objetivo, sentido.

Entonces si percibes amor, ya estás muy adelantado en tu tarea pendiente porque seguramente vas a perdonar a tu prójimo, quien no te acepta.

Amor también es perdonar.

Varias *pop stars* empezaron su carrera profesional en busca de cariño y reconocimiento. Bueno, también algunos científicos, empresarios, políticos, religiosos (...) La idea que hace falta cariño y reconocimiento parece ser un excelente motivador oculto para alcanzar ciertas metas. Espiritualmente la meta siempre es la paz, con amor y reconocimiento al Creador. Siento que aquí la recomendación simple es decirle a tu *pop star* personal, que perdonar es una excelente opción.

Si acaso sientes como obstáculo para perdonar el porqué no te aceptan, cuidado. Los porqués son una trampa negativa. Hay que tener la humildad de que hay cosas que jamás sabremos.

Si acaso percibes y asumes que te rechazan porque percibes que no te aceptan y/o aman/quieren/dan lo suficiente, doble cuidado. Tu percepción está enraizada en la noción de carencia. En el sentir que no es suficiente. En que parece que necesitas más. Este es un argumento preferido de nuestro niño actor, rol ganador de premios de actuación de nuestra voz informativa negativa. Es una brillante actuación, aplausos, pero no es luminoso, ni es amor. Donde hay filosas exigencias hay alerta de cortar venas amorosas importantes.

Amor también es simplemente dar sin nada a cambio.

Entre la aceptación de los demás y tus necesidades de amor hay un puente, otras veces hay un espacio el cual está lleno de malas interpretaciones, o traducciones no adecuadas.

También es un deber para tu biografía personal el reconocer que realmente sí hay agresiones verbales y actitudes de algunas personas quienes no aceptan algunas de tus características. Sí, existe el rechazo y evidentemente hay gente intolerante. Una fuerte tarea de equilibrio: todo hay que tolerar menos la intolerancia. Y ¡súper aguas! (concesión popular concedida al autor): aquellos quienes sufren en el reclamo, pidiendo a gritos reflectores, son muchas veces actores de la intolerancia. El justiciero intolerante es otro papel a estudiar.

Pero regresemos a la báscula. Analicemos la no aceptación en abstracción.

Tú observas que hay gente que no te acepta.

Tú piensas que no te aceptan porque tienes unos gramos grasa de más. Se te ven. Tú los ves. La báscula te lo dice en su frío y robótico silencio.

Está bien.

Es más no solamente piensas que hay gente que no te acepta. No es una sospecha. Te lo demuestran con su actuación. Algunos hasta se burlan de ti.

Te hacen sentir como un ser humano de segunda clase, o de tercera.

Te sientes como un humano de segunda.

¿Realmente tú crees que existan humanos de segunda clase?

No existen para mis ojos. No hay. Yo no los veo.

En todo caso veo turistas de primera clase. También observo que hay trabajos diferentes, todos ellos respetables. Hay guías, pilotos, gente de tierra, de aire, torre de control, de ventas, relaciones públicas (…). Los humanos somos más bien turistas con visa temporal. También hay acciones de algunos humanos que no llegan a calificar para ninguna clase. **La humanidad es solamente una. Sólo hay un humano.** Nuestra fuente espiritual básica, la Toráh nuestro texto sagrado por excelencia afirma que Adán fue creado. La humanidad (*adam*), el terrestre fue creado.

Lo que hay es la opción de elección de pensamiento el mundo es libre. Hay seres humanos quienes eligen percibir a otros como alejados de ellos y les dan un trato que sobreestima, subestima, suma, resta o anula la dignidad humana de su prójimo.

Por el lado de las costumbres culturales hay algunas negativas que implican chistes, burlas, etiquetas cómicas hacia la persona obesa. ¿Qué significan todas estas expresiones? Popularmente, en el uso común tienen una carga negativa que sólo quien ha sentido esa discriminación directa lo sabe. Espiritualmente, esencialmente no significan nada. ¿Es un delito estar físicamente gordo? Que yo sepa, en este país no. ¿Espiritualmente se comete algo irreparable al estar físicamente con algunos gramos de más? Absolutamente no.

En mi lectura de textos sagrados base no encuentro una referencia directa que relacione el hecho de tener un cuerpo gordo
como algo escandaloso o en última instancia algo terrible para
tu vida espiritual. Excepto que estos gramos dañen tu salud.
Los Sabios recomiendan no dañar la salud. Está prohibido torturar el alma, dañar el cuerpo. Pero en el lenguaje bíblico hay
algo muy interesante.

un pequeño postre espiritual

liberador de peso

En los primeros cinco libros de la Biblia, hay una palabra que
tiene que ver con obesidad, gordo/engordado. Precisamente
en el Libro Cinco, Deuteronomio capítulo 32 secuencias 10
y 15. Dependiendo de la traducción al español se leen palabras como gordo, robusto, corpulento, engrosado. La cita es
una referencia al haber engordado, crecido inadecuadamente
de cuerpo. La palabra original en hebreo comparte raíz de tres
letras bases con un término muy usado en toda la Biblia y en
toda actividad espiritual: el aceite.

שמן ←

→ shemen

aceite

Como mencionamos, otra traducción al español de la palabra/
raíz bíblica en cuestión es corpulento. ¿Quién es alguien corpulento? Alguien cuyo cuerpo es grande. Un cuerpo con mucha
esencia.

Aceite está relacionado con la esencia. En algunos diccionarios el sinónimo de aceite es esencia. En otros señalan su origen, en la palabra aramea *zaytuna* y ésta del hebreo *zyt* aceituna. Por cierto, encarando el Monte del Templo en *Jerusalem*, se encuentra otra elevación conocida por sus aceitunas: el Monte de los Olivos, muy nombrado por Sabios y Profetas.

El aceite es la esencia de un fruto, obtenida gracias a un proceso con base en estudio, esfuerzo, presión. Este proceso generalmente se logra al prensar dicho fruto despojándolo después de ciertas capas, vestimentas, hábitos. Algo muy semejante al trabajo espiritual para percibir/mostrar la esencia. Algo parecido también a lo que tu cuerpo hace con los alimentos: separa lo bueno y desecha la envoltura, su vestimenta de menor provecho; los prensa, distribuye sus propiedades donde son necesarias y lo más sublime, la esencia, lo mejor de ellos, lo envía al cerebro. Y causalmente este proceso es algo similar al refinamiento de las harinas. Refinar es un concepto muy atractivo. El aceite es esencia. El origen de las palabras semen/seminal/seminario es éste.

En lugar de gordo/robusto, yo me atrevería a traducir esa palabra bíblica como "aceitarse" "esenciarse". Bíblicamente, espiritualmente, "engordar" es "aceitarse de" "esenciarse de" más de lo necesario o inadecuadamente.

¿Cuándo es el momento en que un cuerpo, se "aceita/esencia" dañinamente y se convierte en obesidad espiritual? Cuando recibe más de lo que puede equilibradamente recibir. O por aclarar un poco más: cuando no "gasta" lo que recibe y solamente lo almacena.

Y si gasta lo traducimos por compartir entonces alguien obeso espiritual es alguien quien no comparte adecuadamente. También el "esenciarse" bíblico, el "aceitarse" perjudicialmente en la cita de Deuteronomio 32 secuencia 15, está relacionado con la rectitud y el hecho de ser muy estricto, severo, riguroso.

En términos prácticos la obesidad espiritual se podría simplificar más: cuando hay mucha teoría y poca acción correcta. Cuando se sabe mucho y se actúa poco y/o inadecuadamente. O con un rigor que estrangula la armonía.

Esta es otra realidad espiritual. La acción debe equilibrarse con el estudio. Más transformación positiva menos libros y guiones. Más compartir menos almacenaje egoísta. Más bondad en la práctica, menos rigor teórico.

La obesidad espiritual es tener más esencia de ese conocimiento espiritual y no realizar la acción espiritual correspondiente. Generalmente compartir sabiamente.

Damos por compartido este postre sorpresa. Es altamente recomendable caminar para facilitar la digestión.

Hay que anotar una vez más, que es importante acercarse a la causa de esos gramos de más. Si es por un deseo exagerado por alimentos, evidentemente es un rasgo espiritual no recomendable. Pero como la sugerencia de este libro es ayudar a descubrir porqué no se sigue una dieta, entonces (…)

Sería muy bueno que esa causa la localices tú. Las respuestas adecuadas que encuentres van a ser kilos de menos.

Retomemos la aceptación en abstracto. Toda referencia peyorativa, toda la no aceptación de la persona obesa, tal vez sea producto de una evolución cancerígena de un abuso de percepción, burlas y malas interpretaciones. Si alguien no te acepta por tus gramos grasa físicos es problema de esa persona.

Si abusa esa persona de sus ideas, palabras, y acciones alrededor de tus gramos grasa es una tarea espiritual pendiente de esa persona. Si dejas que su tarea alcance tus pensamientos y tu estado, entonces sí es tu problema, y una tarea espiritual pendiente tuya. ¡Atención! Reitero: si esos kilos dañan tu salud hay que bajarlos. Hay que tratar de bajar los kilos que te pertenezcan. ¿Por qué no tratas de bajar desde otra báscula? La báscula espiritual por ejemplo, donde hay tal vez algunos gramos grasa de acciones pendientes, de culpas no matizadas algunas exageradas, de perdón y aceptación. Algunas ideas erróneas acerca de una realidad que no existe más. De un presente que no logras enfocar. Tu biografía espiritual tiene todas las respuestas. Solo necesitas la fuerza bondadosa de hacer las preguntas y responder, actuar, regresar.

meditación/oración

o

En algún momento de retomar regresar/reiniciar/buscar una vida espiritual, hay una tentadora invitación a pensar que hay que desechar todo lo que sea físico y transformarnos en seres "muy espirituales". No te apures, no hay forma de hacerlo.

Podríamos llegar a la conclusión no adecuada que es mejor no tener contacto con lo físico y envolvernos únicamente dentro de lo espiritual. Esta conclusión muy respetada llegaría a sugerirnos que una dieta espiritual sería simplemente no comer y listo.

Hay escenas de algunas vidas que así lo demuestran. Negar lo "físico" para conectarnos a lo "espiritual". Evidentemente una dieta ascética da resultados formidables para la báscula física ningún escéptico espiritual lo puede negar pero no es una sugerencia de este libro. Una sugerencia es el conocimiento.

Me gusta el término de biografía espiritual pues el conocer nuestra historia personal es una invitación a la investigación a conocernos. Acercarnos a este análisis nos puede ayudar a percibir mejor nuestra obesidad o nuestro exceso gramos grasa. Al tener una mejor percepción de la esencia de esos gramos de su causa podemos bajar aquellos que realmente debemos bajar, transformar, eliminar.

La biografía espiritual se divide en dos grandes mundos. División hecha con fines de estudio pues realmente hay una biografía, una sola historia, un sólo humano.

Uno es conocer el mundo de los hechos, y las causas de esos hechos de la biografía de nosotros. Es decir nuestros actos, nuestras palabras, nuestros pensamientos.

El mundo dos es conocer a nuestros primeros y antiguos ancestros espirituales y su biografía por decirlo de alguna manera.
Un poco de historia espiritual. Para aligerar el peso de tan elevado objetivo, por resistencia a cruzar los límites de este libro,
basta recordar que uno de nuestros ancestros espirituales es
nuestro patriarca Abraham. Abraham es padre de los pueblos
espirituales de este tan querido planeta Tierra. Secuencia que
también puede traducirse como Padre/Maestro Primero de los
sistemas espirituales refinados de este mundo.

Abraham se escribe en hebreo:

אברהם ←

Y uno de los grandes significados de este elevado nombre es
precisamente ese: papá de pueblos. Lo sabemos por el primer
libro sagrado que es titulado en español Génesis. En donde
leemos y percibimos también que al buscar el papá del papá
del papá nos lleva hasta la Esencia de la esencia de la esencia, el
Creador de todo y más, cuyos nombres sagrados están escritos
ocultamente en los libros de la Biblia.
Escribimos el hebreo según el original bíblico, donde las palabras no
están vocalizadas. Sería bueno recordar que las vocales hebreas se
escriben generalmente debajo de las letras base/consonantes.

ltrpsddsbl ←

Tu biografía histórica y tu biografía espiritual están sutilmente
unidas. De las misma forma en que lo están tu esencia y la de
Abraham; tu cuerpo y tu alma; historia y espiritualidad; la lla-
mada ciencia y la nombrada religión. Tal vez con un "hilo" luminoso similar al que une el Sol con la Tierra. Sistema inalám-

brico por cierto, como el usado por el Sol al iluminar la Luna.

Para conocer tu biografía espiritual es necesario acercarse, estudiar y analizar. Acciones enraizadas con el desear conocer su esencia. Desearlo, estudiarlo, acercarnos y así se nos revela poco a poco su esencia, su alma. Analizar es acercarse al conocimiento. Contemplarlo.

Analizar también es un concepto relacionado con la oración. La oración es un elemento básico y el más poderoso en cualquier sistema espiritual.

La oración es esa serie de súplicas y alabanzas dirigidas al Creador en donde se agradece, se solicita ayuda, se tiene fe. La oración puede ser de otro autor u original del orador, quien improvisa según sus prioridades.

La meditación y la oración son prácticas asociadas. Su diferencia reposa en una frontera, en una fina barda de polvo que a veces se manifiesta en tu deseo, en tu conciencia.

La meditación es básicamente un entrenamiento mental donde el meditador busca afinar el control de sus pensamientos para lograr una conexión con estados mentales deseados. Además de lograr gradualmente la desconexión con pensamientos no deseados o no apropiados.

En un nivel básico la meditación es un entrenamiento de la mente para usarla de mejor manera. Para detectar mejor los pensamientos, observarlos y elegir los adecuados para el desarrollo y crecimiento de la persona.

Escrito sea en otras palabras, lograr meditar es calmar el flujo mental pensamientos ideas y estudiar los pensamientos para un mejor pensar. Y si piensas mejor, puedes elegir actuar mejor. Sin embargo, hay que seguir preguntando. ¿Cuál es la esencia de los pensamientos? ¿Cuál es el alma de los pensamientos?

El Creador. El Amo de las esencias.

Hay muchas y muy variadas técnicas de meditación. El percibir la meditación como la educación de la mente y sus pensamientos, está bien. Espiritualmente la meditación es más que eso.

Es un entrenamiento de enfoque mental para hacer conexión con mundos espirituales. Básicamente es un medio de comunicación con lo espiritual.

Decíamos hace párrafos que meditación y oración pertenecían el mismo concepto y que su casi imperceptible separación consistía en una frontera de fino polvo. Y es muy cierto. Meditación sin intención espiritual funciona poco aunque científicos han comprobado su gran eficacia y beneficio. La oración sin enfoque ni análisis sirve poco aunque afirman los Sabios que siempre es recibida y contestada.

Orar y meditar se unen cuando entra en juego el deseo de contemplar e impregnar de intención espiritual el enfoque. Y como un adelanto escribiremos que parte de ese polvo que los divide es la humildad. La humildad es empequeñecer principalmente nuestro ego. El hacerlo nos nulifica, hasta casi parecer polvo.

Meditar es enfocarse en algo, estudiarlo, acercarse. Es decir analizar. Orar es muy simple. Sencillamente es decir: gracias y ¡ayúdame por favor! Todo lo demás es personal.

La meditación debe incluir el objetivo la esperanza, la fe. La palabra y la acción de orar, debe incluir el análisis, la concentración, la intención. Conceptos ligados a esencia, alma. Ambas ofrecen el ascender gradualmente y con mucho cuidado a otros niveles espirituales.

El término meditar como simple acercamiento al análisis puede admitir varios ejemplos. Como cuando un músico experimentado y después de muchos años de estudio, observación y práctica ve un *score*, una partitura, y todas las notas y silencios empiezan a cobrar un orden audible. En la mente adiestrada del artista ese papel empieza a transformarse en su mente en sonidos bellos, en música, hasta llegar a casi escuchar los instrumentos, sus particulares voces y empezar así a vibrar al dar seguimiento a la obra musical.

Ese músico realmente medita en ese papel y puede llegar a estados de conciencia muy elevados, y muy diferentes al que se encontraba antes de enfocar su mente en ese papel lleno de notas ordenadas, y ascender por el camino de la música a estados espirituales elevados. Claro, siempre y cuando el artista quiera impregnar su ascenso de peldaños espirituales.

O como cuando el actor estudia su papel. Y empieza a profundizar su personaje, a estudiarlo, a acercarse a él. Y pregunta por su familia, su región, el tiempo en que habita, sus hábitos y sus vestimentas. Se pregunta la forma en que habla, se conduce, con quienes plática. Esa meditación, ese análisis de su personaje lo lleva a "vivir" una realidad diferente la de su personaje, hasta el punto en que su mente puede intuir cosas que el autor de esa obra plasmó en ese ser "ficticio" y llevarlo hasta a la misma realidad del arte de la actuación.

O como un estudiante con determinado texto quien puede meditar tanto en el contenido de un libro, que las vibraciones de su autor las puede llevar consigo varios minutos y horas.

La meditación espiritual es más simple y fabulosa.

Es ver un atardecer, un cielo estrellado, un gran océano al amanecer y preguntarse: ¿Quién es el Creador de todo esto?

Y respirar, y suspirar y sentir la gradual recepción de la respuesta.

¿Quién es el autor de este gran guión y de esta sinfonía interestelar sin fin?

¿Qué papel actúo yo en esta obra?

¿Acaso puedo modificar mi parlamento? ¿Me está permitido improvisar? Por supuesto que la respuesta es sí.

También hay técnicas de meditación guiadas sencillas y muy eficientes. La recomendación es acercarse a un experimentado y confiable guía.

La serie de objetivos de meditación y oración se podrían resumir en alcanzar un mejor nivel de análisis. ¿Análisis de qué? De la realidad a la cual quieras acercarte.

¿Cuál es la realidad más importante para ti en este momento? ¿Cuáles son tus prioridades físicas y espirituales? Esa respuesta es personal. La biografía espiritual es asunto personal. En general la vida es personal, como esos gramos grasa que nos estorban a veces.

La realidad más importante de este libro es: la obesidad espiritual. Y el objetivo de la meditación/oración también podría resumirse en alcanzar un mejor nivel de vida. Y el mejor de todos es la paz.

Y así como la alegría es el mejor medio para proseguir la senda espiritual, para alcanzar la paz es necesario estar en paz.

La meditación/oración son dos de los mejores medios para obtener paz verdadera, duradera. Un excelente inicio en meditación/oración es pedir, orar, preguntarse: ¿cuáles son las cosas que interrumpen mi paz la paz verdadera?

¿Qué elementos de mi biografía son obstáculo para acceder a esa paz?

Si deseas, cierra el libro por favor y honestamente acércate a esta pregunta. Pídele ayuda al Creador.

Bien.

¿Qué recibiste?

¿Acaso el obstáculo es más dinero?

Está bien. Yo he dicho lo mismo en ocasiones. Además he leído que algunos seres de los más "ricos" del planeta, o de los que administran y manejan más dinero en este momento, perdieron algunos millones y seguramente están orando por más. No con esto se intenta minimizar la escasez del flujo financiero. Máxime cuando sabemos que el no tener dinero debido al desempleo por ejemplo, está ligado erróneamente al rechazo, la no aceptación y otros pensamientos no deseables. Se trata de ir limpiando la respuesta. Pero también es un repetitivo argumento del informante negativo, quien sugiere que lo que tienes en materia económica no es suficiente.

En un nivel más profundo y con respeto y cuidado ¿Qué otros elementos hay que interrumpen tu camino hacia la paz?

Cuidado.

No se trata de forzar y torturar el alma entrando al exagerado mundo de las culpas.

Tampoco se trata de vivir en el no menos exagerado mundo de la irresponsabilidad donde todo es permitido y nada causa daño a nadie. Es equilibrar nuestra vida. Equilibrar el análisis, la búsqueda, la báscula. Activar la resistencia.

Para llegar a un estado de paz es necesario eliminar ese exceso de gramos grasa de nuestra biografía espiritual. Algunas veces tienen mucho peso.

Otra vez, cuidado. Es muy importante recordar que nuestra imaginación nos puede llevar a pensar cosas fantásticas. Entre más "creativa" la persona es un poco más proclive a escuchar sin freno sus voces internas y dejarse llevar por alguno de sus informantes.

La imaginación es muy buena para el mundo del arte, la publicidad, en la investigación científica, pero puede ser un obstáculo para conocer sanamente la biografía espiritual, y en el último de los objetivos para alcanzar la paz.

Para encontrar ese equilibrio es necesario caminar en una adecuada senda espiritual (todas te encaminan hacia el mismo bosque, al mismo río, hacia la Esencia). La imaginación sin freno puede ayudar a que escuches al informante negativo con mayor atención.

En algunos casos la alerta reside en que una vez hecho algo en tu pasado, la imaginación puede inflar desmesuradamente esa acción y llevarla a límites exagerados de culpas, o en su caso contrario sostenerla con hilos de inocencia extrema.

Y las culpas de más son tan pesadas como la inocencia estridente.

Cuando una persona se cree la revelación de un "elegido santo" y actúa bajo esa vestimenta en independencia de sus acciones, podemos saber con facilidad donde habita el exceso de sus gramos grasa.

Imaginar que uno es culpable de todo es tan pesado en kilos espirituales como ser inocente de todo.

Recuerda que el informante negativo es en un nivel como un niño a quien hay que enseñarle el camino. Además, los niños ven su mundo de un tamaño más grande de lo que es. Cuando una persona "adulta" escucha más al informante malo y no ha hecho su tarea espiritual pendiente, esa tarea la ve desproporcionada, o muy grande o muy pequeña. Sin posibilidad/ necesidad de hacerla. Piensa o que no tiene arreglo porque es muy pesada, o que no hay que hacerla porque es insignificante. La recomendación intermedia es: si deseas y tienes fe, puedes realizarla. En esta vida nunca es tarde. Siempre es a tu tiempo.

Reitero: cuidado con la imaginación.

Y cuidado a quien le confías tus kilos y tus pensamientos. Con respeto y sabiduría reflexiona y valora con el dietista que vas.

Estudia a tu psicoterapeuta. Analiza a tu psiquiatra. Sí, también medita estas palabras. Abre tus ojos.

Ten fe en el Creador. Trata de acercarte a tu paz. Emana tu paz a tu prójimo.

meditación
precisiones

Me gustaría compartir una de las meditaciones más simples y efectivas, así como una sugerencia de oración.

Se trata de meditar sobre la flama de una vela.

Voy a tratar de resumir el proceso en la forma más sencilla posible, después añado los detalles.

.Procura encontrar un lugar en tu casa que designes como tu espacio de meditación/oración.

Por favor, no elijas lugares sucios (nunca el baño).

.Elige un horario nocturno o antes de que salga el sol para dedicarlo a esta actividad. Apártalo como tu tiempo espiritual.

.Utiliza una vela cualquiera blanca o si puedes una pequeña lámpara de aceite.

.Pon la vela a una altura fácil y cómoda de observar.

Intenta que detrás de la flama esté un fondo blanco.

.Siéntate en una silla cómoda.

.Trata de desconectarte de teléfono, celulares, *emails*, o cualquier otro tipo de alarmas y ruidos que puedan interrumpir.

.Viste cómodamente. Lava manos y cara. A veces ¿una ducha? magnífico.

Este tipo de meditación consiste simplemente en observar la flama de la vela o lámpara de aceite.

Sencillo: te sientas, respiras profundamente 3 veces y observas la flama. Solo ve la flama. Procura no tener otros pensamientos. Hazlo por sesiones de 5 a 10 minutos. Intenta hacerlo 6 veces por semana. Eso es todo. ¿Muy simple? Sí, eso es todo. Vas a entrenar tu mente con la meditación más sencilla. Y si adquieres esta pequeña y simple disciplina, vas a encontrar resultados sorprendentemente positivos.

oración

Voy a sugerirte una oración simple, práctica y muy eficiente. Después de haber estado 5 o 10 minutos observando la flama de la vela, intenta orar.

Con las palmas de las manos hacia arriba en posición de recibir algo, pronuncia la siguiente oración.

¡Creador del Universo! Amo de todas las esencias: gracias por permitirme llegar hasta este momento. Por favor ayúdame.

Con bondad dame el conocimiento de saber ¿cuáles son los hábitos que debo cambiar? ¿Qué debo mejorar?

Por favor, con bondad házmelo saber y dame la fuerza para transformarlos. Gracias.

Trata de pronunciar estos tres párrafos con todo tu corazón. Hazlo tan frecuente como tu agenda lo permita. O tu deseo te sugiera.

Funciona.

Con la práctica puedes inmediatamente después de pronunciarlos improvisar y pedir ayuda sobre algo específico. Algo que esté interrumpiendo tu paz en ese momento.

Funciona. ¿Quién te va ayudar más?

¿Necesitas combustible intelectual? De acuerdo. Ahí vamos.

Dicen los Sabios que la luz física que observamos, por ejemplo la luz de una vela, es lo más adecuado para acercarnos al concepto espiritual de Luz, como estudiosos y simples humanos. Es por esta razón que Maestros, místicos y practicantes de lo espiritual han usado el término "luz" como un monobloque de todo lo recomendablemente bueno espiritualmente hablando. De esta forma, llegamos a encontrar en diversos escritos místicos el uso de Luz como la metáfora esencial espiritual, muy cercana al Creador en su aspecto infinito. La luz, lo luminoso también se ha vinculado a toda la esfera intelectual, la razón. Además, nos recuerda el Libro Sagrado de Génesis, **luz** es lo primero que se dijo, lo primero hablado en la Creación.

Científicos han descubierto que la luminosidad de una simple vela prendida, la luz de su flama, se irradia a cientos de metros de su ubicación. La luz emana a un diámetro de cientos de metros venciendo naturalmente la oscuridad que la rodea sin problemas de disminución de su esencia. En una amplia variedad de literatura, la luz es usada para todo lo espiritualmente recomendable, así como oscuridad es empleada para designar lo no recomendable. Nuestros ancestros espirituales empleaban lámparas de aceite para iluminar sus vidas. El aceite era obtenido principalmente de un fruto llamado aceituna de un árbol conocido como olivo.

En la Biblia encontramos que el aceite era usado también para ser aplicado a algunos seres y así elevarlos espiritualmente al recibir la esencia, como por ejemplo los encargados de dirigir y organizar los trabajos espirituales, en un acto sagrado nombrado, unción sacerdotal. Los ungidos bíblicos en un nivel simple, son profundamente aquellos a quienes *untaban de aceite*. El aceite también era usado en las ofrendas de harina, cuyo proceso de obtención es similar al del trabajo espiritual. Recordemos que la palabra aceite significa esencia. El ver simplemente la flama de esa vela con una intención de meditar, nos conecta a la esencia, a un estado espiritual que brinda paz y nos eleva de nuestro anterior estado.

Otro de los beneficios prácticos que nos trae una meditación simple de una vela (meditación sin riesgo), es el hecho de entrenar la mente a enfocarnos en algo. En vencer toda una serie de pensamientos basura que nos van a tratar de acechar cada vez que intentemos sentarnos a meditar. El observar esta simple flama por 5 o 10 minutos en sesiones frecuentes, nos ayuda a incrementar nuestro nivel de enfoque y autocontrol, herramientas clave para nuestra dieta y nuestra vida. Con el tiempo y práctica nos va ayudar a tener un enfoque cada vez más claro de la esencia de nuestra dieta y nuestra vida.

La meditación aquí sugerida, es muy simple y provechosa. Además es posible realizarla en casa y no contiene ningún elemento de riesgo.

Hay otro tipo de meditaciones que requieren mayor explicación y vigilancia de un guía. Hay otro tipo de meditaciones guiadas muy eficaces y altamente recomendables pero que se salen de los límites y el peso de este libro.

Todo el "secreto" radica en simplemente hacer la meditación 6 veces por semana. Sentarse a meditar. Los resultados son excelentes. Después pronuncia tu oración. Juntas, separadas, combinadas. Como lo desees.

la **i** de sugerencia

La meditación/oración, el agradecer y pedir ayuda a la Esencia, es lo más fuerte que hay. ¡Eso es todo! de la base espiritual. Lo demás es pura acción. Otra acción.

Su utilidad es invaluable. Por favor, trata de hacerlas.

Cambia lo que encuentres y puedas cambiar **y vive en paz.**

ensayo general

secuencia 10

o/hay que hacerlo

Escribíamos al inicio que si se tratara de un libro acerca de cómo bajar de peso, en un ahorro de páginas anotaríamos: haz la dieta, baja de peso échale ganas, todos delgados.

Ahora bien, si este libro fuera solamente de espiritualidad reescribiríamos la sugerencia de hace cerca de dos mil años tomada de nuestro libro sagrado que tiene alrededor de tres mil trescientos años revelándose: y **ama al prójimo tuyo como a ti mismo.** Y agregaríamos todas sus variantes: desea, cambia, mejora tus hábitos, transforma la sugerencia del informante malo, educa al oponente, ama, respeta, etcétera.

La solución en ambos temas es simple, sabia, y ampliamente conocida. ¿Entonces por qué no la llevamos a la acción?

Me recuerda la escena de los niños un poco traviesos e inquietos a quienes le dicen sus papás bueno, podemos llamar a nuestro elenco básico:

"Niños sean responsables por favor. Ustedes saben bien que no hay que jugar en la sala. Es un espacio muy pequeño. Hay que ocupar el tiempo haciendo la tarea que no hicieron ayer. Por favor no saquen los juguetes. Nos vamos a ir unos días. Sean buenos. Evítense problemas y sean niños maduros. Y acuérdense que con nosotros no juegan ¡eh! No vamos a permitir ni una travesura más. Nada de colgarse de las cortinas o vaciarle leche al gatito de la tele. Nos vemos la semana que entra. ¡Ah! y por favor recuerden que las figuras que quedan de adornos son eso, adornos y no porteros de futbol."

Estudiemos la escena.

¿Tú qué crees que va a pasar? ¿Y por qué?

Porque el mundo es libre. **Porque simplemente son niños.**

Y la mayoría de los niños cuando no hay vigilancia hacen lo que quieren. Si no hacen algo es principalmente porque no lo desean. Y las "inocentes" travesuras que realizan son debido a que son convencidos fácilmente por uno de sus informantes. El autocontrol es muy bajo. ¡Son niños! Con la ventaja que los niños recuperan más fácilmente la alegría, el ánimo, la fe. Tal vez porque sienten más cerca y **ven físicamente** la **presencia amorosa** de sus padres.

Nota Podemos editar y gradualmente ir eliminando las palabras: amorosa, presencia, físicamente, ven.

De acuerdo a la Historia Espiritual todos somos como niños. Generalmente los seres humanos nos comportamos como niños. Unos más que otros.

Porqué nos comportamos así, no lo sé con precisión. En esencia no lo puedo saber. Solamente la persona y su relación con lo espiritual pueden llegar a saber más.

La obesidad espiritual es personal. La biografía espiritual es personal. En una toma abierta del tema, con cuidado y mucho respeto, la obesidad espiritual que observo, en todos esos adultos con gramos grasa de más, percibo un comportamiento muy similar al de un niño. No hacen la dieta porque no quieren. También porque por algo no pueden y aquí entra el más alto de los respetos y consideraciones espirituales: no juzgar. **Porque se distraen con otras cosas más importantes para ellos** dificultad en concentrarse. **Porque disfrutan mucho comiendo. Porque extrañan cosas de su pasado real e irreal. Porque sienten que no los quieren. Tal vez porque no hay el soporte físico del apo-**

yo de los padres. Porque simplemente extrañan a sus padres, y no desean abandonar ese melancólico *status* cuando la tarea espiritual es cambiarse a un sitio más elevado, e intentar crecer para enriquecer ese sentimiento y que no duela más, como una cálida y respetuosa sugerencia. Tal vez estén atrapados en la red falsa de los porqués.

El concepto de crecer espiritual está ligado proporcionalmente al de "perder cuerpo" (no obtener más físico) y este con transformar, ver diferente, percibir más la esencia, sentir espiritualmente, estar ligero.

Porque muchos de esos gramos grasa que pesan y ahora se manifiestan en el cuerpo provienen y habitan en algún acontecimiento que cambió el guión de sus vidas en un lugar del pasado, en un estado mental. Aquí cabe agregar que su nivel de esperanza está al actual nivel de su alegría y motivación.

La tarea pendiente puede ser transformar su concepto personal de la muerte de un ser querido, muy cercano; un divorcio; una pérdida amistosa; una desilusión; un cambio de situación financiera; el no ver más algo físico muy preciado, etcétera.

Todas ellas tienen en común la relación física y espiritual que se tiene con la esencia hoy ausente. Un aprecio muy grande por lo desaparecido. Un apego físico a una relación básicamente de esencia espiritual.

Otra verdad a recordar: a mayor información espiritual mayor conciencia espiritual, menor impacto negativo sobre el guión de su vida tiene la prueba alta de la ausencia física. Sin menospreciar o subestimar cualquier dolor por alguna pérdida. Pues todas las pruebas espirituales tienen su grado de dificultad para quien las pasa, siendo la muerte de alguien la más difícil para un humano realmente vivo. Es una prueba dura, fuerte, alta. Pero con fe y trabajo espiritual se puede superar todo. Incluso ésta. La idea es no "fallecer" junto con la persona amada desaparecida. Regresar al mundo de los vivos donde uno alegremente transita. No quedarse en el doloroso lugar. Aceptar el sitio nuevo, elevarlo.

La tarea pendiente tal vez es no haber desarrollado bien su aceptación, o por mejor escribir, su percepción. O sea la idea que tenga de ese acontecimiento. Su percepción de ese acontecimiento.

Con deseo de continuar el ensayo: no es fácil cambiar, bajar de peso, dejar de ser niño en escenas no adecuadas. También no es fácil ver lo bueno de nuestras vidas, aceptar estar en paz. Sí, leíste bien, también no es fácil aceptar que algo bueno esté pasando en este presente.

Estudiar la biografía espiritual también es darse cuenta de todas las cosas espirituales que tenemos. Y la prueba consiste en dejar ese lugar del pasado y en dejar de tener razón. Uno de los obstáculos más fuertes a vencer en historia espiritual es contemplar la posibilidad de que estemos equivocados. Al estudiar algunas cosas, al analizarlas adecuadamente, cuando la sabiduría espiritual nos sugiere que nuestros conceptos anteriores no sirven más porque son inadecuados ahora, es muy doloroso. Contemplar la posibilidad de estar equivocados, es una de las pruebas más altas y más dolorosas. Y a veces preferimos sufrir más en el mismo sitio, cometer más errores pero no abandonar nuestro habitual lugar. Porque a veces lo importante es tener la razón y salir más bien quedarse "triunfadores".

¿Y por qué mi querido amigo?

¿Por qué? Esta pregunta tú la vas a contestar. Y me gustaría responder: elemental, mi aligerado socio.

¡la dieta!

Decíamos que bajar de peso también es deshacerse de algo físico. Bajar de peso también tiene que ver con el desapego. Espiritualmente es despojarse de lo material transformarlo. O por mejor mencionar, tiene que ver con la transformación de las acciones. Con el refinamiento de tus pensamientos. Según la Biblia nuestra tarea también es buscar la esencia, buscar lo espiritual, transformar lo físico, elevarlo, elevarnos. Y cito la Biblia porque es nuestro libro espiritual por excelencia. Aquí se cita que nuestro ancestro espiritual Adán en hebreo: *adam* cambió una realidad espiritual por comer un fruto no adecuado Génesis 3,6. Al comer un fruto no recomendable, cambió todo un estado de conciencia por otro de menor frecuencia, según las interpretaciones más sublimes de los Sabios estudiosos del *Zohar. adam* podía comer de todo árbol menos de uno. Al comer el fruto inadecuado se conectó a otra realidad y bajó su nivel espiritual.

Comer lo adecuado tiene repercusiones espirituales muy fuertes. Tiene que ver con tu salud, con tus pensamientos, con tus acciones, con el mundo que percibes y coproduces. De tu dieta depende el mundo que percibes, coproduces y en el cual es precisamente donde actúas. El escenario donde representas tus súper producciones cuya esencia se ofrece en tus pensamientos.

El alma de tus alimentos tienen un efecto con la esencia de tu vida: la que percibes, la que intuyes, sientes y anhelas. Si hay cierto dolor en tu vida, tiene que ver en gran parte básicamente con el tipo de comida que eliges comer. Gran parte de tus tristezas, desánimos, depresiones, tiene su raíz en alguna comida, algún alimento no adecuado para tu vida. O para ser más exactos, la esencia de esos estados de conciencia viene de algún alimento un *input* que ingieres en forma de: imagen, audio, comida, aroma, etcétera. Saberlo o no, es muy bueno. Algún día, de todas formas vas a mitigar ese dolor. Seguro. Entonces ¿por qué no empezar a hacerlo con más conciencia a partir de este presente? Sería bueno.

Si deseas iniciar o retornar a una vida espiritual, sería muy bueno empezar a comer con mayor conciencia.

Si deseas realizar una actividad intelectual más elevada o una vida con diferente labor física, sería muy bueno comer de una mejor manera.

Si deseas bajar de peso porque esos gramos grasa son una verdadera molestia, sería muy bueno comer lo adecuado, con mayor conciencia.

Si deseas eliminar unos kilos porque ya hay problemas de *hardware*, sería muy bueno vigilar y saber lo que comes. La sugerencia sería hay que comer de mejor manera con una dieta vigilada.

Si estás muy contento con tu peso pero tienes que hacer una dieta porque hay razones extremas de salud, sería muy bueno y urgente que comas lo adecuado.

Una inocente pregunta: ¿no crees que sería muy bueno comer con mayor conciencia?

En independencia de tus respetables opiniones acerca de la Biblia, ¿crees que la acción de Adán de **comer** un fruto no adecuado en un tiempo no adecuado y cambiar todo el curso de la humanidad, sea gratuito?

El comer es espiritualmente sagrado.

la **a** de sugerencia

Trata de observar lo que comes y el tiempo en que lo comes puede cambiar tu vida y la de tu mundo.

Una dieta adecuada puede prevenir muchos kilos y muchas molestias. Puede ser el inicio de una verdadera vida nueva una mejor, por supuesto.

Si comes mejor, vas a pensar y elegir mejor.

La vida puede ser simplemente más ligera. Paz.

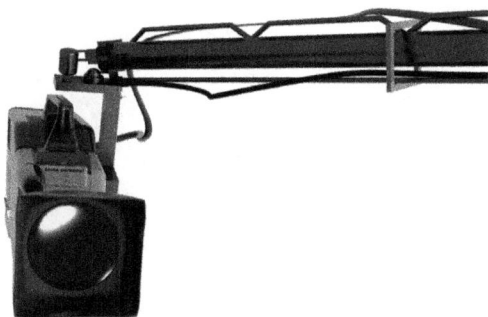

¡*swítchate* la grúa!

secuencia 11

o/toma cerrada

y corte a comer

Después de algún tiempo, el diálogo íntimo se refina.

"Gracias por responder. Te ves muy bien, muy guapa, sé bien que lo has hecho formidable."

"Gracias a ti. Una vez más aquí estamos. También sé que ahora te veo como un encumbrado actor y productor. ¿Qué hacías dirigiendo? siendo un estupendo actor. ¡Yo siempre lo supe!"

"Es un trabajo. Había que hacerlo. Como el escribir, producir, dirigir."

"Tú eres un gran actor. Muy bueno. Supremo. Te ayuda mucho tu voz. Tu bondad, tu fuerza, tu sentir paternal. Aunque ahora con unos kilos de más ¡eh!"

"¿Qué te puedo decir? Con esa voz de reina, de tonos graves, atractiva, siempre atractiva, quien ha recorrido ¡cientos de personajes! Te ves bien. Muy delgada. Llegamos a este momento bien. Es bueno verte así."

"Y aquí estamos, trabajando juntos, yo rebelándome y tú siempre cauto, aconsejándome, señalándome el camino, mostrándome lo correcto, como un hermano, un buen amigo. Pero a veces te veo como un pequeño amigo, un niño sabio quien lo entiende todo sin muchas palabras. ¿Por qué no te gusta que te vean? si al final siempre actúas."

"Bueno, solamente sugiero, y no necesito que me vean. Realmente no veo porqué me tengan que ver. Sé que es mi esencia. Somos antagonistas. Tú necesitas el crédito, es tu esencia."

"Yo soy así. A mí me gustan mucho los aplausos, los reflectores, que me admiren, que constantemente me vean, me encantan los personajes. Me encanta disfrazarme ¿sabes? Bueno, sí lo sabes. ¡Ah ese papel de víctima!, ¡me da gran placer! y al público también. ¡Cómo lo aceptan! me lo piden a donde voy. Y cuando llora esa víctima, todo el público revienta en llanto. ¡Qué escena!"

"Sí, lo haces muy bien. No comparto tu opinión, pero está bien."

"¿Te acuerdas ese papel de niña traviesa que todo hacía menos lo que había que hacer? ¡Formidable! ¡Cómo me divertía!, sabes, ese papel ganó muchos reconocimientos ¡eh!

El público no sabe nada del personaje pero, como que le gusta. Muy aplaudido. Los críticos nada más critican. No saben nada de esto. ¡A ver! que solucionen una escena como la especialista que no podía ver la mesa del microscopio. Imagínatela, una especialista en lo micro que no podía ver esa mesa. No querido, ¡esto no es fácil!

¡Ay! otra vez me está ocurriendo lo de escenas pasadas. ¿Qué me estás viendo? Me ves y sólo asientes."

"Es que te quiero mucho. Te aprecio lo suficiente. Está bien, lo vamos logrando."

"¿Y el papel de la que odiaba a todos? Odiaba ¡porque la querían! Digna de psiquiatra ¡eh! Pero muchos doctores ni saben la raíz de ese odio. No saben nada esos. El autor ha de saberlo. O alguno de sus achichincles. Porque son eso, unos achichincles. Me está dando otra vez, un ataque de odio. ¡Ay! a veces me da. ¡Ay querido!, ha de ser la edad. A veces odio al público también. El público no sabe qué es esta carrera. Es que odio a los ignorantes. ¿No te pasa lo mismo?"

"El público merece respeto. También los doctores, los autores y sus colaboradores. También tú."

"¿Sabes una cosa? Me siento sola y cansada. Como una reina vieja que cree saberlo todo. Mandando a todos. Sin amigos, solo converso honestamente contigo. Ya he actuado muchos personajes. Se me agotaron. Estoy cansada de confundirlo todo. Mis papeles confunden ¿sabes? Estoy muy aburrida. ¿Tú también? ¿Acaso no te sientes ya cansado de actuar? Tenemos casi la misma edad."

"Simplemente me conecto a mi esencia y actúo. Estoy muy contento con mi parte. Es todo. ¿Esto es lo único en este papel para mí? gracias."

"Bueno yo también, aunque realmente no sé qué es estar contenta. Ese personaje lo trabajé poco. Mmh, o creo nunca lo trabajé. ¡Ah sí!, en una ocasión en la puesta de 'Las Alegres Hipócritas' donde había que capturar al cliente simulando sonrisas. Pero la gira duró poco. No me salía bien."

"Hay tiempo para pulirlo."

"No, ya estoy muy vieja para hacerlo, muy vieja para cambiar."

"Buen argumento el tuyo. Pero ¿por qué no actúas una niña? A los niños les encanta cambiar. Puedes actuar una niña."

"¿Y tú también actúas como niño?"

"Claro, y te lo dirijo con gusto."

"¡Ah! qué épocas aquellas. ¿Por qué eh? ¿Por qué en esta vida nos tocó estar siempre uno enfrente del otro, actuando juntos y tan diferentes?"

"Porque así es. Es así. En el mismo aceite dentro de su esencia hay uno que hace bien y otro que puede, mmh, mejorarse. Como dijera el rey: dos son mejores que uno."

"¡Tú y tus escritos! ¿Por qué siempre los citas y quieres que yo siga ese papel?"

"A mí me dan un guión y solamente te muestro lo más correcto para el tuyo. Todos necesitamos una dirección."

"Pero parece que siempre actúo mal y tú me dices como hacerlo."

"Hay un guión y simplemente te sugiero con respeto como actuarlo. Es todo. Hay que seguir al director."

"Oye, esta plática parece de marido y mujer."

"Más bien marido y mujer actúan como nosotros."

"Aunque parezca apuntadora ¿por qué parece que lo hago todo mal?, ya estoy harta de ser ¡la mala de las escenas!"

"Porque es tu papel, es mi papel, nuestro papel."

"¿Mi papel? Pero en estas alturas no sé ni siquiera qué hago aquí. Ni me importa saberlo ¡eh! ¿Tú también estás actuando en este momento?"

"Una respuesta parcial es sí, pero actúo natural."

"¿Todo es una actuación?"

"Depende de tu esencia. Mi actuación depende de mi esencia y nuestra esencia depende de nuestra actuación. Es una relación simple."

"Mmh. Yo te veo igual que yo. Bueno, debo aceptar que a veces no te veo, y otras te me haces muy inferior, pero siempre hemos estado trabajado juntos. Sí, he aprendido mucho de ti, sí, pero ¿qué harías sin mí? Yo soy la estrella de esta producción. Yo soy a quien la mayoría de la gente aplaude y reconoce más. Mis parlamentos son más grandes aquí, y de mayor peso. Mira todo esto, hasta lo que tú posees es gracias a mis actuaciones. La gente generalmente me sigue a mí."

"Bueno, hay que aclarar que poseo absolutamente nada. Y efectivamente eres muy valiosa. Ese es tu papel. Eres parte de esta obra. Y sirves para lo que fuiste creada."

"¿Criada yo? Si ¡yo me hice sola!"

"Calma, hay que ver un poco más. El autor de esto cambia unas letras, y repentinamente todo se transforma."

"Yo fui quien se metió a estudiar esas clases de italiano para hacer a la Soprano. Yo soy quien cantó en ese concierto. Yo bailaré para agradar más. Yo soportaba toda esa compañía para que tragaran toda esa bola de muertos de hambre, ¿y ahora qué? (…) Perdón. Disculpas. Es que el personaje de la autodidacta del monólogo «No me valoran» es magnífico."

"Sí, lo recuerdo."   [silencio y suspiros]

"Está bien. De acuerdo. Y tú, ¿sabes para qué fuiste creado? Yo no sé si lo sé."

"Sí lo he recibido. Es muy simple, para agradecer y reconocer al autor de todas estas letras. Para seguir este guión, nuestro guión. Para que juntos alcancemos la paz."

"¿Sabes? Yo no entiendo nada de esto.

Es que tú siempre has sido así, que la esencia, el misticismo, eres *muuy* raro. Mira a esta edad hay que simplificar las cosas. Sólo dime las escenas a pulir, ayúdame por favor a mejorarlas y yo te sigo. A mí lo que me gusta es el escenario, y a eso me voy a dedicar toda mi vida. A ti te gusta decir palabras, analizar, orar.

Yo actúo y me pagan. Esto está más fácil. De esto vivo.

Bueno, ya hablé lo suficiente y así va a ser. Todo va a ser así. ¿Está claro?"

"Sí, muy claro.

¡Mi preciada reina! es una gran bendición ser actores como lo somos. Es una gran oportunidad realizar los deseos escritos del autor de este gran guión. Los actores hacemos esto. Y con una buena dirección y unos buenos ensayos lo vamos a lograr.

Además, la gente puede aprender a través de nosotros…"

"¡Shh!, hay que callarnos, han de estar oyendo esos de audio."

"Y los de video también. Y los de arriba."

"¿Te importa? Son unos chismosos esos."

"Pues a los ingenieros los percibo más bien como muy discretos, estudiosos, muchos números, analizan (…)"

"Bueno, que importa si escuchan de todas formas no van a entender.

Una pregunta. ¿Conoces algo del autor? Te lo pregunto no porque me interese, sino porque me lo comentó la señora de la limpieza.

¿El autor ha visitado este foro?"

"Pues esa sería una contestación muy amplia. Además pienso que ya no puedo seguirte hablando en este papel. Para acercarnos a esa respuesta tendríamos que irnos a otra forma. Sígueme por favor, caminemos juntos."

Estas son las palabras del cuento de los hermanos de aspecto diferente de la misma esencia. De aspecto diferente de la misma esencia. Como era su costumbre fueron a visitar al abuelo para que les contara una de esas historias maravillosas que les hacían viajar por mundos bellos, llenos de aventuras y altamente divertidos.

Les voy a contar el relato del Comelón de Palabras, dijo el abuelo. Este era un buen hombre que le gustaba comer palabras. Palabra que encontraba se la comía. Todas las palabras que encontraba se las comía. Hasta las que salían de la boca de sus amigos. Aquí hay una palabra y… ¡*gulp*! se la engullía. Aquí hay una palabra larga, ¡mmh qué rico! y ¡*re gulp*! se la almorzaba. Por eso le gustaba juntarse con gente que hablara mucho. Hasta que un día se percató que empezó a engordar más de la cuenta. Luego se enteró que estaba triste o de todo se enojaba. Esto hizo aumentar también su severidad. Y seguía comiendo palabras y seguía siempre muy molesto con todos los demás.

¿Y porque estaba tan *enojayo* abuelito? preguntó uno. Otro se adelantó y dijo: ¡pues porque no estaba feliz!

Un día, el buen hombre comelón de palabras se encontró con una persona que hablaba poco y casi no se le podía oír. Él le comentó por pura causalidad que en el río superior en el número 250 letra **b** de bendición, cerca de la cascada, estaba la cura de todo su malestar y de todo su enojo y de todas sus tristezas. El buen hombre ahora más estricto, lo escuchó, y después, como era su costumbre, se comió todas las palabras que había visto. No dejó nada, ni siquiera una vocal para los necesitados.

Entonces por esa recomendación, todo molesto casi enfurecido fue al camino, subió a ese río, encontró la dirección exacta y siguió la receta: escogió unas palabras y las remojó antes de ingerir sólo algunas. Remojó cada palabra ¡antes de comerla! El buen hombre bajó ciertos kilos, se puso contento ¡y nunca más estuvo enojado! Es todo por este cuento. Ahora bajemos al jardín porque hay algunas cosas que hacer.

Los hermanos muy contentos se estaban despidiendo, cuando de repente escucharon que se abrió una puerta y sintieron un viento alrededor. Voltearon la vista hacia arriba y observaron que de una habitación salía una luz resplandeciente con la cual todos quedaron asombrados. ¿Qué es eso *abolito*? ¿De dónde viene esa luz tan impresionantemente hermosa? Esa luz es de la lámpara de aceite de las 3 flamas. ¡Vamos a verla! todos exclamaron. No se puede, dijo el abuelo. Repentinamente uno de ellos salió corriendo para atravesar por el dintel de la puerta. El abuelo alertó al pequeño: ¡por favor no lo hagas! Y cuando intentó cruzar hacia el interior, una ráfaga de viento detuvo al niño empujándolo hacia atrás. ¡Mi amado pequeño! exclamó el abuelo. Es que no se puede cruzar esa puerta. ¿Por qué abuelo? ¿Por qué no nos quieres mostrar esa lámpara de aceite de las 3 flamas? ¿Acaso no nos quieres? No es eso dijo afligido el abuelo. ¡Cómo no los voy a querer! Lo que pasa es que ustedes son muy pequeños para atravesar hacia ese cuarto. Pero si la puerta es muy grande, ¡hasta cabemos todos juntos! Sí es muy grande pero ustedes son muy pequeños. Además el trató de pasar solo y eso hace más difícil el acceso hacia esa estancia, de donde viene toda esa hermosa luz. Hay cosas que solamente creciendo se pueden entender, hacer, alcanzar. Algunas, tal vez no las entiendan, pero sólo de grandes las podrán hacer. ¡Ay abuelo! ¿Y cuándo creceremos? Muy pronto. No se pongan tristes. Mejor disfruten lo que hoy puedan ver. Cuando crezcan van a poder llamarme y les prometo que les voy ayudar a atravesar ese espacio donde vemos la puerta y juntos apreciaremos la lámpara de aceite de las 3 flamas. Una condición: tienen que venir juntos. ¡Ah! antes que se me olvide. Tengan cuidado, pues cada día, a medida que su cuerpo crezca va a ser más difícil recordar y verme, platicar conmigo. Sin embargo, con mucho empeño van a lograrlo. No se olviden de esto.

Pasado el tiempo necesario, después de muchos trabajos y obstáculos los hermanos al fin otra vez juntos subieron a ver a su abuelo. Los hermanos estaban preparados para contemplar la lámpara de aceite de las 3 flamas. El abuelo mostraba otro aspecto. Sin palabras, subieron la escalera que los llevaba a la habitación donde se encontraba el origen de tan maravillosa luz. La puerta la atravesaron en esta ocasión sin problemas. ¡Qué resplandor! exclamaron.

¡Qué gusto que por fin estemos todos unidos en este lugar! el abuelo habló y todos escucharon. La lámpara mostraba un nombre flotante en medio de la pequeña base, en el contenido. Una parte del recipiente era de barro y otra transparente. De esta forma se podía ver el aceite. Juntos preguntaron ¿qué significa la lámpara de aceite de las 3 flamas? Ustedes son los primeros que escuchan esto. Después el mundo entero lo conocerá. La esencia de la lámpara es el aceite y el fin del aceite es para untarse en la mente y para iluminar. El aceite que ven es el alma de toda esta antigua lámpara. Es el alma de la rojiza vasija, y es también la que hace despertar a las 3 flamas. Si alzan la vista y le quitan esas 50 partículas que tiene el aceite, van a ver el nombre. El nombre, es la esencia de todo, incluso de la paz. Si al nombre le agregan 70 momentos de atención, van a poder escuchar. Y si escuchan van a poder recibir información fantástica, maravillosa, real. Ahora si al nombre le agregan 6 y 200 porciones de cuidado van a poder acceder al elevado mundo de apreciar las cosas valiosas, de cuidarlas, protegerlas para que continúen viviendo para beneficio suyo. Porque algo realmente valioso que ustedes protejan es lo mismo que los mantiene vivos, alegres, conscientes. Escuchen bien cuiden sus ojos y su nombre. Los hermanos estaban fascinados con tal revelación. El abuelo continuaba. Por eso mismo hay que admirar los cielos. Todo lo que venga de los cielos es bueno. El abuelo se sentía completamente emocionado, feliz o al menos así lo intuían los hermanos. ¿Desean conocer otro secreto? ¡Por supuesto! contestaron todos animados. Observen bien el cuerpo de la lámpara y su esencia. Entonces empezó a soplar amablemente un viento por toda la habitación donde se encontraban. Si al aceite le agregan 5 acciones de esperanza, van a poder ver el alma y si tratan de ver el alma van a conocer muchas historias que siempre han soñado recordar. Así pues, los hermanos se dieron cuenta que podían flotar sobre el piso y empezaron a desplazarse por toda la reducida habitación. Inmediatamente observaron cómo al cambiar de posición podían ver flotar en la parte alta del cuarto un número ocho. ¡Un 8 volando! Los hermanos como niños todos alegres bailaban, brincaban y recordaban el tiempo cuando eran más pequeños. ¡Un 8 volando! y se estiraba el feliz número y las dos esferas que lo componen parecían separarse y separarse pero el 8 seguía siendo ocho. Doblemente redondo como el cero, pero el 8 era único.

Nunca podía separarse ese número que volaba, y flotaba, se estiraba, y seguía siendo un solo número. Estaban como niños viendo toda esa escena fantástica. De repente, cuando flotaron hacia otro lado y cambiaron su vista del aceite, del ocho empezó a salir una voz, y esa voz les traía mucha paz y alegría. Mi nombre es… y se silenciaba el sonido. Mi hermano es… y la voz se diluía. Los hermanos no podían reconocer el nombre. Sin embargo eso no les preocupó más, ya que su sorpresa fue mayor cuando de repente del 8 salió un 1, y los dos números empezaron a girar sobre sí y se cambiaban de lugar bailando y parecían uno solo. Este 18 invitó a los hermanos a orar. Y ellos agradecieron felices ese momento. Era tan dichosa esta escena que podía iluminar el universo de un lado a otro. Entonces el abuelo intervino y dijo: pequeños, creo es suficiente por esta vez. Es mejor continuar el relato, la razón por la que están aquí. Los niños todos regocijados se pusieron más atentos.

Les contaba que el aceite es la esencia de las 3 flamas pero también la luz es la que hace vivir al nombre difícil de ver, al aceite y a la vasija de barro a veces transparente. Vemos 3 flamas pero solamente es una. Es una sola lámpara, una luz. En la parte de la flama que no es posible ver ni acercarse demasiado, se cubre la esencia de toda esa Luz. Entonces, al recibir unidos en tranquilidad lo prometido, los tres pensaron Uno. Y todo fue esencialmente transformado en alegría y paz.

Este cuento continua…

toma
de
protección

biociencia

secuencia 12

o/como nada

Para bajar de peso, ese exceso gramos grasa, es importante observar una dieta. Desear seguirla. Una dieta nos invita a representar una mejor actuación, con base en un guión de nutrición. Realizarla significa mejorar nuestro comportamiento. Algo similar ocurre con los gramos espirituales de más. Todos tenemos ese sobrepeso espiritual, o por mejor escribir, todos tenemos algunas tareas pendientes. Y de eso también se trata simplemente la vida, de intentar lograr la mejor actuación de nosotros mismos. Desde la óptica espiritual esta vida física es una oportunidad para ensayar y afinar una actuación espiritual personal.

Tener conciencia de tu biografía espiritual ahorra muchos dolores en tu vida. El conocimiento espiritual es el camino de la sabiduría espiritual sabiduría que se mantiene con la práctica. Una cosa importante: aunque lo sepamos o no a nivel consciente, todos estamos en búsqueda de algo espiritual. Según lo que he recibido hasta este momento, todos estamos en un nivel de trabajo/tarea. Unos con una mayor información, otros con menor conocimiento. Pero todos estamos haciendo parte de nuestra tarea. Cada quien en su nivel un indescriptible nivel personal, todos buscamos la esencia de las cosas. Tal vez por eso en niveles muy físicos queremos abrazar y tener algo. Por eso quizás abracemos a alguien cuando lo apreciamos. Porque deseamos aunque sea por un instante retener/corporeizar ese aprecio. Tratar de detener la esencia de un tiempo y un aprecio en un abrazo físico.

Por eso comemos de más, porque es muy grato también físicamente recibir su esencia además de ser vital. Nos sentimos contentos de "tener", de untarnos dentro de nuestros cuerpos esa esencia en el caso de los alimentos.

Decíamos que espiritualmente y con base en textos sagrados, que engordar es una palabra escrita en español bíblico que también podemos traducir como "esenciarse de" ver *shemen*/ aceite/esencia p.95. Esos gramos grasa de más son también una manifestación a veces molesta de "tener" más esencia que la que se usa, necesita, o se sepa transformar un abuso de la esencia de los alimentos.

En espiritualidad un conocimiento básico es recibir, administrar, compartir. Hacer más para "gastar" lo recibido, lo que se sabe más práctica menos teoría. Esto viene a tema pues en la realidad somos administradores de energía, no tenedores de energía. Los humanos no somos almacenes grandes de energía somos canales de. Tenemos ciertas reservas, para administrarla y transformarla correctamente.

¿Cuál es la esencia física de los alimentos? Energía. Tipos de energía. Partículas con ciertas propiedades. Con respeto las podemos citar como su alma.

¿Cuál es la esencia espiritual de los alimentos? Chispas espirituales *sparks* *. Fragmentos de santidad. También la podemos nombrar en este escrito como energía.

¿Y física y espiritualmente qué significa esto?

Primero que solamente hay un *spark*, concepto que envuelve lo físico y espiritual. Que en cada elemento vivo hay un *spark*.

Que hay *sparks* chispas de santidad con la cual te puedes conectar/untar dependiendo de tu biografía espiritual. De la información que tienes de ti, hasta este momento, o de la que

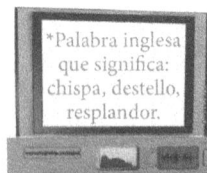

*Palabra inglesa que significa: chispa, destello, resplandor.

recuerdas. Que hay una cantidad de chispas de energía sparks que puedes administrar sana y correctamente. Depende de tu nivel de transformación personal. De tu proceso.

El proceso es similar al de la refinación del aceite, de la harina, de los alimentos, para obtener lo mejor de ellos. El refinamiento es un alto concepto espiritual el cual realizamos todos los días con estudio, trabajo, presión, fe, oración, donación, acción. Espiritualmente todos estamos refinándonos, purificándonos, realizando nuestras tareas pendientes. A veces hay que recordarlo.

Hay que transformar ese enemigo personal que frecuentemente nos asusta y nos hace sentir físicamente mal. Con fe hay que enfrentar ese acontecimiento el cual nos persigue en forma dramática y a veces exagerada. Hay que cruzar el pantano de las culpas para transformarlo en una gran piscina de aceptación y perdón. Hay que elevar ese insignificante hecho que interrumpe nuestro ligero caminar. La sugerencia cotidiana es buscar en nuestra biografía espiritual el camino medio. Sin miedos de conocer cuál es el mundo donde están nuestros pies y cuál es el que construye nuestra boca. Preguntarnos si hacemos lo suficiente. Observar la esencia.

Recordar que si haces actos espirituales muy por debajo de tu nivel de conocimientos, o en contra de esos conocimientos, la "esencia" ingerida y almacenada se abulta generando obesidad espiritual.

Para bajar de peso espiritual es necesario hacer más de lo correcto, actuar más, poner en práctica lo recibido y aprendido. Ensayar y actuar. Tratar de hacer un poco más de lo pendiente.

Para alcanzar gradualmente la paz que soñamos, intuimos y creemos, es necesario llevar a nuestra vida práctica los consejos, la teoría espiritual de nuestro guión. Empezando desde nuestro mundo personal. Del libro a tu vida. Del guión a tu escena. No es fácil, pero nunca imposible. Nunca. Realmente de eso se trata tu vida, tu actuación y tus momentos estelares.

La sugerencia simple y sencilla es: trata de subir a la mesa esa dieta que es buena para ti. Practícala. Vas a bajar.

Trata de transportar los más valiosos consejos a tu simple vida, a la sencilla práctica. Te vas a sentir mejor. Vas a mitigar el dolor de muchas tareas.

Acércate a escuchar un buen consejo espiritual. Lleva hasta tu vida práctica las sabias interpretaciones de la Biblia, de tus ancestros espirituales. Transforma tu informante malo, en bueno. Con bondad, fuerza, conocimiento y fe convence a tu enemigo espiritual a tu micro vecino sucedáneo. Si quiere el Amo de todas las esencias y deseas lo correcto, vas a experimentar la paz. Vas a acceder a esa paz tan cerca de ti.

hay que entregar este foro

Así como observamos a prójimos con gramos grasa de más, también hay otras unidades espirituales con señales de kilos de más. Las palabras de este pequeño libro de percepciones pudieran aterrizarse con comodidad a parejas que son una sola entidad espiritual, **familias** quienes la repercusión de sus actuaciones afecta al conjunto, **comunidades** *efectadas* por la actuación de sus integrantes.

Hay comunidades grandes con obesidad espiritual, cuyas tareas pendientes les afectan. Sus gramos grasa almacenados les afectan.

Tal vez la báscula registre la obesidad como una amenaza de salud y las alarmas científicas suenen ante la gravedad real del caso. Pero des y afortunadamente los kilos más pesados pueden ser aquellos que estén fuera de la manifestación física. Es decir en los kilos espirituales que pesan sobre el conjunto de humanos por las tareas espirituales pendientes por hacer.

¿Qué es un gramo grasa almacenado?

Es una reserva de energía. La energía es parte de la esencia revelada de todo el universo físico. La esencia revelada del universo espiritual está también escondida bajo el manto de energía de las acciones humanas de los seres vivos. El sobrepeso puede ser medido por el conjunto de las acciones espirituales humanas. La esencia de esas acciones orbita en la mente, antena receptora del ofrecimiento primario de la libertad humana, en forma de pensamientos. La esencia de esos pensamientos espirituales es el Creador. La Esencia de las esencias y más.

Que tengamos el mérito de escuchar y elegir la más sublime esencia de nuestros pensamientos. Que nuestras acciones en conjunto definan nuestra tan elevada alma. Que subamos a escena la mejor de nuestras actuaciones. La adecuada, con el mínimo de dolor, con sabiduría. Cuando lleguemos a la gran báscula espiritual y tengamos que resumir todo nuestro peso, podamos observarnos con alegría y paz lo más ligeros posibles. Ungidos de la Esencia. Lo más cercano a la incomprensible nada.

acerca del autor

Quien escribe, Jaime Kurt, es un profesional de la voz, relacionado con el mundo de las palabras y las letras, muy dedicado al estudio y práctica de la Historia y la Espiritualidad.

Cursó la Licenciatura de Historia y se enfocó especialmente en Israel y el Sagrado Templo de *Jerusalem*.

Ha colaborado en diversos medios electrónicos donde generalmente ha sobresalido su cálida comunicación con su auditorio. En Radio y TV, Jaime ha sido voz y conductor de conocidos programas de la Ciudad de México. Su fe, alegría y constante curiosidad científica se ve plasmada en sus amenos textos.

Su guión preferido y sugerencia continua es mostrar una Historia Espiritual que sirva al actor humano al poder acceder a la paz siempre anhelada.

Jaime ha sido bien aceptado como autor y promotor de este nuevo concepto de Literatura Espiritual cuyas letras principales es invitar a buscar la esencia de todo y así promover la paz, la tolerancia y la dignidad del ser humano.

Esta obra se terminó de imprimir en Octubre del 2012 en los talleres de **create**space (tm) una empresa de Amazon.

Para la elevación del alma de todos aquellos seres cercanos y queridos por nosotros. Recordar con fe.

Pidiendo el consuelo total. Contemplar el saber que continuamente el Creador de todo, nos da lo necesario.

www.ingramcontent.com/pod-product-compliance
Lightning Source LLC
Chambersburg PA
CBHW070451090426
42735CB00012B/2506